なるほど日本地理

気になる疑問から学ぶ地理の世界
自然環境・国土・行政・産業・生活文化・歴史的背景

宇田川勝司

はじめに

「遠くへ行きたい」「おとなの修学旅行」「路線バスでぶらり旅」「旅ずきんちゃん」「とちぎ発！旅好き！」「映像散歩 日本の山々」「江戸の街歩き」「にっぽん原風景紀行」「鉄道旅」……

　これはある日のテレビ番組欄から拾い出した番組タイトルである。いわゆる旅番組と呼ばれるものたが，その数はひょっとして昔からテレビ番組の定番である音楽番組やスポーツ番組よりも多いのではないだろうか。しかし，これだけ多くの旅番組があっても，旅とは密接に関連する「地理」という言葉をタイトルに使った番組は一つもない。書店へ行っても旅行関係の書籍は数多く並んでいるが，そもそも「地理」というコーナーがない。

　見知らぬ土地を訪れ，その土地の自然や文化，歴史に触れることは好きでも，それが地理であるにもかかわらず「地理」という言葉にあまりよいイメージを持っていない人が多い。そのような人に理由を尋ねると，どうも中学や高校の授業に原因があるようだ。テストのために地名や用語を丸暗記，地図やグラフとにらめっこ，だから地理なんておもしろくない，嫌いだという。地名や地図は「地理」の基礎ではあるが，「地理」の本質やおもしろさは実はその先にある。

　鳥取県と島根県の位置を間違えて覚えたり，愛媛県や栃木県を漢字で書けなかったり，これでは「地理」はつまらないし，苦痛となるのは道理だ。それよりも「県名が鳥を取るってどういうこと？」とか，「愛媛の意味が愛らしいお姫様というのはホント？」とかそんなことを調べるほうがずっと楽しくておもしろい。われ

われの周囲の現象や事象を「地理」という視点から眺めてみると、意外な発見、新鮮な感動があり、ひいてはそれが知識や思考を豊かにする。

　学校で習った「地理」をもう一度学び直し、実生活に役立ち、「地理」本来のおもしろさを伝えられる本をつくりたい、ベレ出版の森岳人氏から提案された今回の企画は、まさに私の思いと一致した。

　そのために、地理嫌いの人たちにも手にとって頂き、おもしろく読み応えのある本にするために、本書は誰もが日常の中でふと感じる「なぜ？どうして？」というささいな疑問に焦点を当てた。鳥取県や愛媛県の県名の由来のように、気にならない人も多いが、気づいてしまうと気になって仕方がない、そんな疑問がわれわれの日常生活の中には数多くある。

　どうして大阪は大阪県ではなく大阪府なのだろう？　どうして愛知県は名古屋県ではないのだろう？　「和牛」と「国産牛」の違いは何だろう？　「梅雨」を「つゆ」と読むのはなぜ？　漢字で書くとどうして「梅」の字を使うの？　このような疑問を持った人は多いはずだ。

　「学問」は「学んで問う」「問いを学ぶ」と書く。疑問を追究し、解決しようとするのはあらゆる学問の原点だ。本書も、日常生活の中のちょっとした疑問を集め、様々な角度から答えを探ってみた。この本を気軽に読んでいただき、「地理」のおもしろさを知り、興味を深め、実生活にも役立つ知識を増やしてもらえることを願っている。

2014年9月　　　宇田川勝司

目次

第1章　違いが気になる疑問

1. 山地と山脈の違い ……………………………………10
2. 湖・沼・池の違い ……………………………………14
3. 海抜と標高の違い ……………………………………17
4. 天気・天候・気候の違い ……………………………22
5. 食糧と食料の違い ……………………………………26
6. 促成栽培と抑制栽培の違い …………………………28
7. 稲と米の違い …………………………………………32
8. 二期作と二毛作の違い ………………………………33
9. 野菜と果物の違い ……………………………………34
10. 獲る漁業と育てる漁業の違い ………………………35
11. 和牛と国産牛の違い …………………………………40
12. 工業地帯と工業地域の違い …………………………42
13. IC産業とIT産業の違い ………………………………46
14. 太陽熱発電と太陽光発電の違い ……………………48
15. 府と県の違い …………………………………………50
16. まち（町）とむら（村）の違い ……………………51
17. 関東地方と首都圏の違い ……………………………52
18. 近畿地方と関西地方の違い …………………………56
19. 国立公園と国定公園の違い …………………………60
20. 森と林の違い …………………………………………62
21. 東北と北東の違い ……………………………………64

第2章　語源・由来が気になる疑問

1. 日本の正しい読み方は「ニホン」それとも「ニッポン」？……66
2. 関東と関西を分ける「関」ってナニ？……………………………72
3. 日本の8地方区分いつ誰が決めた？……………………74
4. 47都道府県名それぞれの由来……………………………78
5. フォッサマグナって何語？　名づけたのは誰？………………82
6. 黒潮と親潮　語源はナニ？……………………………86
7. 太平洋の語源はナニ？……………………………………88
8. リアス海岸の「リアス」ってナニ？……………………………92
9. シラス台地海岸の「シラス」ってナニ？………………………94
10. フェーン現象の「フェーン」ってナニ？…………………………96
11. 「梅雨」の語源はナニ？……………………………………98
12. 「台風」の語源はナニ？……………………………………100

第3章　基準・定義が気になる疑問

1. 日本ってホントは狭い国？　それとも広い国？　領土・領海・領空の定義とは？……………………………104
2. 日本に島はいくつある？　島の定義とは？……………………111
3. 水源地と河口，一級河川と二級河川　河川の定義とは？…114
4. 300年も噴火をしていない富士山がなぜ活火山？
活火山の定義とは？……………………………………120
5. なぜ北海道だけが冷帯なの？　気候帯区分の定義とは？…128

6 日本は国土の半分が豪雪地帯ってホント？
豪雪地帯の定義とは？ ……………………………………………134

7 「信州そば」のそば粉は長野県産だろうか？
地域ブランドの定義とは？ ………………………………………139

8 登山で見かける「○合目」ってどういう意味？ ………………144

9 人口4,000人の市と5万5000人の村,
市になる要件とは？ ………………………………………………148

10 東京行き下り電車の不思議
鉄道の上りと下りの定義とは？ …………………………………153

11 なぜ富士山は自然遺産ではなく文化遺産なの？
世界遺産の基準とは？ ……………………………………………158

12 どっちが暑い？ 真夏日と猛暑日の基準とは ……………………162

第4章 原因・理由が気になる疑問

1 日本の標準時子午線が明石市を通る東経135度に
なったワケ …………………………………………………………166

2 有馬温泉や道後温泉,
近くに火山がないのに温泉が湧出するワケ ……………………169

3 「魚沼産コシヒカリ」が日本一の銘柄米になったワケ ………172

4 りんご（青森県），さくらんぼ（山形県），ぶどう（山梨県），
落花生（千葉県）日本一の産地になったそれぞれのワケ …176

5 燕（新潟県）の洋食器，鯖江（福井県）の眼鏡，今治（愛媛県）
のタオル，日本一の地場産業，その発展のワケ ………………181

6	クロマグロ1匹が1億5540万円 初競り値が高騰するワケ	186
7	カップうどんのスープ，東日本と西日本の味が違うワケ	190
8	東高西低の豚肉，西高東低の牛肉 東日本と西日本，肉の好みが違うワケ	194
9	ドーナツ化現象は終わった！ 都心の人口が急増しているワケ	198
10	「神奈川県」はなぜ「横浜県」じゃないの？ 県名と県庁所在地名が異なる県があるワケ	202
11	県名は漢字なのに「さいたま」市がひらがな表記に なったワケ	206
12	都道府県と何が違う？　道州制が注目されるワケ	208

第 **1** 章

違いが気になる疑問

山地と山脈の違い

日本にはいくつの山があるのだろうか？ 全国をカバーする4,344枚の2万5千分の1地形図を購入し，そこに名が記載されている山を丹念に数えた人がいる。そして，調べ上げた山の数はなんと18,032！

環太平洋造山帯に属する日本には，日本アルプスのように3,000m級の険峻な山並みもあれば，中国山地や阿武隈高地のように，なだらかな高原状の山々もある。富士山や阿蘇など美しい山容の火山が多いのも日本の特徴だ。右ページの地図に示したように，日本列島の方向に沿って，北海道から九州まで数多くの山地や山脈がある。小学校や中学校の頃はこれを覚えさせられるのが苦痛でたまらなかったという思い出をお持ちの方もおられるのではないだろうか。

🎵 山地と山脈の違い

ところで，山地と山脈とは何が違うのだろうか。中学の教科書（東京書籍）には，「山地とは，周囲より高く起伏が大きい土地が集まったところをいう。また，山脈とは，山の頂上部分が，一本の線のように連なっている山地のことをいう」という説明がある。しかし，山地と山脈のあいだには明確な基準があるわけではなく，学校で使用する地図帳などでは，国土地理院が採用している「自然地域の名称」に基づいて，山地と山脈を呼び分けている。

また，山地という言葉を，平地と対比する用語として使う場合もある。たとえば「日本の国土の4分の3は山地が占め，平地は4分の1である」というような使い方をする。この場合の山地に

日本のおもな山地と山脈

①北見山地
②石狩山地
③夕張山脈
④日高山脈
⑤白神山地
⑥出羽山地
⑦奥羽山脈
⑧北上高地
⑨阿武隈高地
⑩越後山脈
⑪関東山地

⑫飛騨山脈
　（北アルプス）
⑬木曽山脈
　（中央アルプス）
⑭赤石山脈
　（南アルプス）
⑮紀伊山地
⑯中国山地
⑰讃岐山脈
⑱四国山地
⑲筑紫山地
⑳九州山地

国土の地形別割合

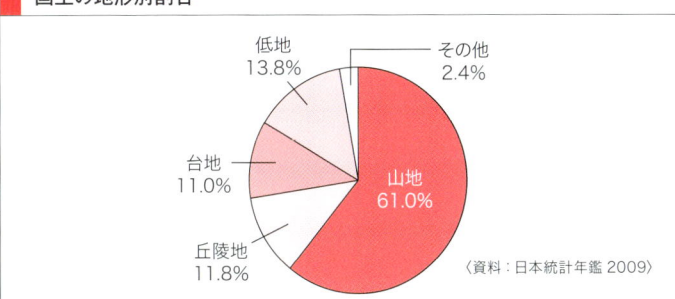

低地 13.8%
その他 2.4%
台地 11.0%
山地 61.0%
丘陵地 11.8%

〈資料：日本統計年鑑 2009〉

は高地や高原，丘陵地なども含んでいる。ちなみに，日本は4分の1つまり25%の平地に総人口の90%の人々が居住している。

🗾 △△山と▽▽岳の違い

　日本の最高峰はもちろん**富士山**，それでは2番目に高い山をご存じだろうか。筆者は子どもの頃に**白根山**と覚えたが，近年では**北岳**とされている。しかし，これは順位が変わったわけでも，名称が変わったわけでもない。どちらも正しく，白根山と北岳は実は同じ山だ。ここでいう白根山とは長野・山梨・静岡3県の境にあるいくつかの峰々が集まった山塊の総称である。その白根山という山塊に北岳，間ノ岳(あい)，農鳥岳(のうとり)などの峰があり，そのもっとも標高の高い峰が3,193mの北岳なのである。

　同様に，北海道の最高峰も大雪山と呼ばれたり，旭岳と呼ばれたりしているが，大雪山系の多くの峰々のうちもっとも高い峰が旭岳なのだ。

　国語辞典によると，<u>**山**とは地表に著しく凸起した部分，高くそびえ立つ地形，また，それらが多く集まっている地帯</u>とあり，<u>**岳**は，一般には高い頂上部分を持った単独の起伏</u>と定義されている。

　日本の高山ベスト50のうち，「△△山」と呼ばれるのは富士山・御嶽山・立山(たてやま)・別山(べつさん)のわずか4座，他の46座はすべて「▽▽岳」だ。ただ，富士山や御嶽山にも白根山や大雪山のように最高峰には**剣が峰**などの別称がある。また，日本第2の高峰，北岳や4番目の間ノ岳(あい)は白根山に属している。しかし，立山の最高峰の大汝山(おおなんじ)，八ヶ岳の最高峰の赤岳のように，山塊と頂上部分のどちらも山と呼んだり，岳と呼んだりする場合もあり，必ずしも明確な定義で

はないようだ。

高地と高原の違い，丘陵と台地の違い

　山と呼ばれるほど高く険しくはないが，周囲よりは高く平地でもない隆起地形として，△△高地・▽▽高原・△△丘陵・▽▽台地などの地名が地図にはある。これらの地形について国土地理院は，次のように定義している。

　<u>**高地**は，起伏がそれほど大きくなく，谷がよく発達した全体として表面がなだらかな山地をいう</u>。北上高地，丹波高地などがある。<u>**高原**は，起伏が小さく，谷が発達していない平坦な面が広がる高地のことをいい，狭い地域の場合に使われる</u>。志賀高原・美ヶ原高原などがある。

　<u>**丘陵**は，丸みをおび，なだらかな起伏があるが，低地部との標高差が約300m以下のものをいい</u>，一般に高地よりも標高は低く，規模も小さい。多摩丘陵・千里丘陵などがある。<u>**台地**とは，平野と盆地のうちの一段と高い台状の土地をいう</u>。下総台地・牧ノ原台地・上町台地などがある。

　ただ，山地や山脈，山と岳，高地，高原，丘陵，台地など実際の地名は，古くから慣習的に使用されてきたものをそのまま地図でも採用している場合が多く，決して明確な基準で呼び分けられているわけではない。

　世界地図を見ると，ヒマラヤ，ロッキー，アルプスなどすべて山脈で，△△山地というものはない。また，チベット高原やエチオピア高原，ギアナ高地など世界の大地形でいう高原も，日本の場合とは定義が異なる。

2 湖・沼・池の違い

九州の人気の温泉地，由布院にある金鱗湖(きんりん)は1周すると約400m，陸上トラックとほぼ同じだ。こんなに小さくても湖なのだろうか。

湖・沼・池の区分は？

国土地理院の「子どもの地図と測量の相談室」というサイトには，次のような説明がある。

<u>湖は，深く，岸には植物が生えているが，中央の深いところには植物がないもの。</u>

<u>沼は，湖より浅く，深いところにも植物が生えているもの。</u>

<u>池は，地面にできたくぼみに水のたまったところ。ふつう，湖沼より小さいもの。人工的につくられたもの。</u>

ただし，この解説のあとに「しかし，ダムによってできた池でも○○湖と呼ぶように，<u>地図ではこの区分と関係なく実際に呼ばれている名前が書かれている</u>」という文が続いている。

前項の山の名のように，湖や池の場合も固有名詞は慣用的なものが多く，定義通りに厳格に区分されているわけではない。たとえば，北海道南部の人気の観光地でもある大沼の平均水深は約12mだが，苫小牧市郊外のウトナイ湖の平均水深はわずか0.6m，面積も大沼の半分ほどもない。しかし，大沼より小さいウトナイ湖は池でも沼でもなく湖と呼ばれている。由布院の金鱗湖は，明治初期に毛利空桑(くうそう)という風流人が夕日で魚の鱗が金色に輝くのを見てそのように名付けたとされているが，それまでは由布岳の麓(ふもと)にある池という意味で，「岳下池(たけんした)」という名で呼ばれていた。

おもな湖と池の広さの比較

琵琶湖（滋賀県）
670km²
日本最大の湖

① 芦ノ湖（神奈川県）6.9km²
② 山中湖（山梨県）6.8km²
③ 精進湖（山梨県）0.5km²
④ 湖山池（鳥取県）7.0km²
　日本最大の池
⑤ 満濃池（香川県）1.4km²
　日本最大の人造池
⑥ 朱鞠内湖（北海道）23.7km²
　日本最大の人造湖

日本一大きな池と湖

　日本で一番大きな池は鳥取県東部にあり、**湖山池**（こやま）という。周囲が18km あり、面積は7km²、箱根の芦ノ湖や富士五湖最大の山中湖よりも広い。湖山池は、海湾が砂州（さす）の発達などで外海から分離されて形成された浜名湖やサロマ湖と同じ海跡湖である。

　人造池では香川県の**満濃池**（まんのう）がもっとも大きく、面積は1.4km²、富士五湖の一つ**精進湖**（しょうじ）の約3倍の広さだ。大きな川がない香川県には大小約2万のため池があるといわれるが、この満濃池も灌漑用になんと1300年前の大宝年間につくられたというから凄い。

　人造湖では、北海道北部の雨竜川をダムでせき止めた面積23.7km²の**朱鞠内湖**（しゅまりない）がもっとも大きい。

　日本最大の湖は、もちろん**琵琶湖**（670km²）だが、世界へ目を向けると、世界最大のカスピ海は日本の総面積とほぼ同じ37万km²、淡水湖では第1位のスペリオル湖は北海道よりも大きい8万km²、やはりスケールが違う。しかし、ヨーロッパを見ると、スカンジナビアや旧ソ連の国々を除けば、意外にも琵琶湖より大きな湖はない。ネッシーで知られるイギリス最大のネス湖（56km²）やスイスのレマン湖（582km²）も琵琶湖よりはかなり狭い。アジアを見ても、琵琶湖より大きな湖がある国は中国を含めてもわずか6カ国だ。お隣の韓国や台湾にも、特記するような湖沼は見あたらない。

　日本は美しい山々も多いが、火山湖、海跡湖、ダム湖など様々な景観の湖沼が各地に見られる。日本は世界に誇る自然景観の豊かな国なのだ。

3 海抜と標高の違い

「海抜ゼロメートル地帯」という言葉を聞くが,「標高ゼロメートル地帯」とは聞かない。なぜだろう？

海抜と標高の違い

　「海抜○○○m」と「標高△△△m」どちらも土地の高さを示すときに使われる表現だが，2つの言葉にはどのような違いがあるのだろうか。国土地理院によると，<u>海抜</u>とは海面を基準とした高さ，<u>標高</u>とは水準点を基準とした高さと定義されている。

　海抜の基準となる海面は，本来はそれぞれの地域近傍の海面だが，離島を除き，実際には**東京湾の平均海面**が基準になっている。東京湾の平均海面というのは，1873（明治7）～79（明治13）年に隅田川河口付近の霊岸島で測定した6年間の潮位の平均である。なんと140年も前の測量値が現在でも全国の海抜の基準となっている。その後，埋め立てなどで霊岸島での計測ができなくなり，現在は，神奈川県の三浦半島にある国土地理院の**油壺験潮所**の観測値を補正して，東京湾平均海面0mを導き出している。

　標高の基準になっているのは**日本水準原点**である。日本水準原点は，1891（明治24）年，全国の水準測量の基点として，東京都千代田区永田町の憲政記念館構内の東京湾平均海面上24.500mの地点に設置された。基準点の礎石は，地盤沈下の影響を受けない山の手台地の強固な地層に埋設された。しかし，それでも1923（大正12）年の関東大震災と2011（平成23）年3月の東日本大震災の際には地殻変動が観測され，水準原点の標高は2度改定

されている。現在は、**東京湾平均海面上 24.3900 m**という数値が日本水準原点の標高となっている。

つまり、海抜・標高と言葉は違っても、結局はどちらも東京湾の平均海面が根拠になっている。当然、どちらの数値も同じであり、2つの言葉にはその意味に違いはないということだ。

ただ、「海抜0メートル地帯」とか、東日本大震災以降に街中の標識に増えた「ここは海抜××メートル」など、平地や低地の場合は慣習として海抜を使うことが多い。国土地理院では海抜という表記は使わず、土地の高さは標高で表すことを原則としている。

離島の標高基準

各地の標高を正しく測量するため、約22,000か所の**水準点**が、東京の日本水準原点を中心にネットワークを形成し、日本の国土を覆っている。しかし、伊豆諸島や沖縄などのように本土から広い海面で隔たった島々では、日本水準原点に基づかない独自の標高基準が設定されている。水準測量は2地点間の距離が遠く離れると測量が困難になるためだ。佐渡島では小木港、隠岐諸島は西郷湾、対馬は浅茅湾(あさじ)、小笠原諸島は父島の二見港、沖縄は中城湾(なかぐすく)の平均海面が島内各地点の標高の基準となっている。

東京湾の平均海面が適用されている地域は、北海道・本州・四国・九州とその近辺の島々である。北海道は、津軽海峡によって本州とは約20km隔たっているが、青函トンネル内に設置された14か所の水準点によって日本水準原点と繋がっている。

海抜の表示	標高の表示

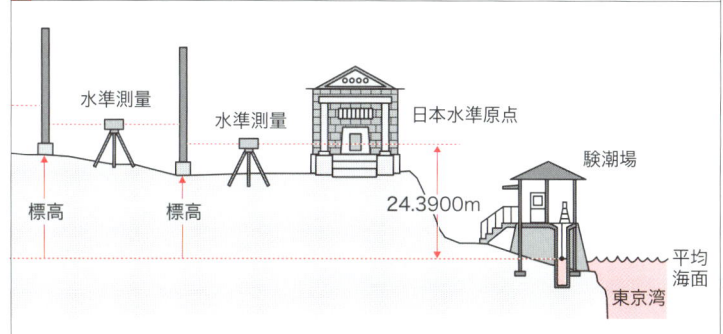

東京湾の平均海面と日本水準原点および標高の関係

日本の土地の高さ（標高）は，東京湾の平均海面を基準（標高0m）として測られている。東京湾の平均海面を地上に固定するために設置されたのが日本水準原点である。　〈資料：国土地理院〉

世界各地の標高基準

　世界の場合はどうなっているのだろうか。広い国土を持つアメリカの場合，かつては国内に26か所も基準地点があった。しかし，測量技術が進むと，大西洋に面した東岸と太平洋に面した西岸では平均海面に1mも違いがあることが明らかになり，現在はカナダのケベックの平均海面を北米全域の標高の基準としている。

　ヨーロッパでも，かつては各国が独自の基準で標高を決めていた。同じスカンジナビア半島のフィンランドとスウェーデンでは，国境を挟んで突然20cm以上の差が生じるということがあった。現在は，オランダのアムステルダムの海面がヨーロッパ各国の標高の基準となっている。ただ，アムステルダムの海面は日本と同義ではなく，夏の高潮時の海面を採用している。海面下のポルダー（干拓地）が国土の4分の1を占めるオランダでは，海面の位置は国家の命運にかかわるためだ。

　これまで，世界の国々は各国独自の測量基準を設けていたが，今，世界共通の基準により測量する世界測地系への移行が進んでいる。標高についても，今後は，**ジオイド面**と呼ばれる全地球を覆う仮想平均海面を基準とし，衛星電波を利用した**GPS測量**が主流となるであろう。しかし，世界最高峰エベレストが，ネパールが認定している標高と中国が発表した標高が違うなど，地図の世界統一はまだまだ多難である。

水準点と三角点の違い

水準点

水準点は，ある土地の高さを測定するときの基準となる地点である。おもな国道に沿って約2kmごとに設置されており，地図を作るときや土地の隆起や沈降の調査をするときに使われる。

水準点の地図記号

三角点

三角点は，地点間の方位と距離を測定するときの基準となる地点である。見通しのよい山頂や丘陵に設置されることが多い。

三角点の地図記号

電子基準点

電子基準点は，GPS技術を応用して正確な測量を行うために，国土地理院が全国に設置を進めている次世代の観測基準点である。高さが5mほどの金属製のタワーの上部にはGPS衛星からの電波を受信するアンテナ，内部には受信機と通信用機器等が格納されている。地殻変動の監視，各種測量の基準点として利用されている。

電子基準点の地図記号

4 天気・天候・気候の違い

天気は理科の授業で，気候は社会科の授業で習ったと思うけど…

🗾 天気・天候・気候

「北海道はどのような□□ですか？」

□□に当てはまるのは天気・天候・気候のうちどれが適切だろうか？　この設問ならばどの言葉をあてはめても正解である。

「明日の北海道はどのような□□ですか？」

それでは，これならばどうだろうか？

正解は天気である。天候と気候はあてはまらない。なぜなら明日と限定されているからだ。天気・天候・気候という言葉は，どれも特定の地域の気象状態を表す言葉だが，その違いは時間にある。

<u>天気</u>とは数時間から1日の気象状態をいう。「九州地方の10日の天気は，晴れのち曇りでしょう」「9月1日午前9時の東京の天気は，雨，気温25度，風向きは北北西の予想です」などの使い方をする。

<u>天候</u>は天気よりも時間が長くなり，数日から数か月程度の気象状態をいう。「1月下旬の天候は豪雪が心配される」「先月前半の天候は40度近い猛暑日が続いた」などの使い方をする。

<u>気候</u>とは毎年繰り返される平均的な気象状態をいう。「北海道は梅雨のない気候だ」「瀬戸内地方の気候の特色は，雨が少なく，晴れの日が多いことだ」などの使い方をする。

日本の気象記録

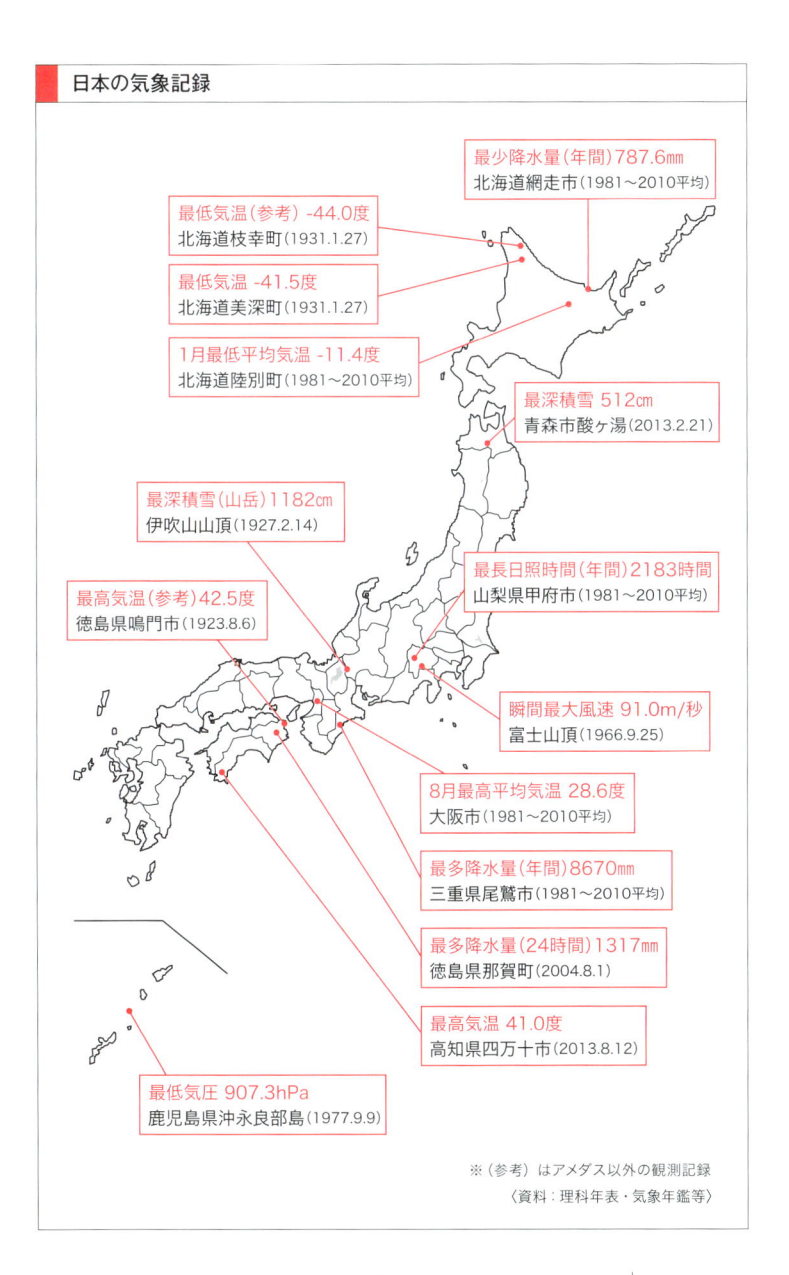

- 最少降水量(年間) 787.6㎜　北海道網走市(1981〜2010平均)
- 最低気温(参考) -44.0度　北海道枝幸町(1931.1.27)
- 最低気温 -41.5度　北海道美深町(1931.1.27)
- 1月最低平均気温 -11.4度　北海道陸別町(1981〜2010平均)
- 最深積雪 512cm　青森市酸ヶ湯(2013.2.21)
- 最深積雪(山岳) 1182cm　伊吹山山頂(1927.2.14)
- 最長日照時間(年間) 2183時間　山梨県甲府市(1981〜2010平均)
- 最高気温(参考) 42.5度　徳島県鳴門市(1923.8.6)
- 瞬間最大風速 91.0m/秒　富士山頂(1966.9.25)
- 8月最高平均気温 28.6度　大阪市(1981〜2010平均)
- 最多降水量(年間) 8670㎜　三重県尾鷲市(1981〜2010平均)
- 最多降水量(24時間) 1317㎜　徳島県那賀町(2004.8.1)
- 最高気温 41.0度　高知県四万十市(2013.8.12)
- 最低気圧 907.3hPa　鹿児島県沖永良部島(1977.9.9)

※(参考)はアメダス以外の観測記録
〈資料：理科年表・気象年鑑等〉

したがって,「今朝の天候は雨である」とか「4月上旬の天気は晴れが続き,お花見に最適だ」などは混同しがちな言い方だが,このような表現はおかしい。

もう一つ,同じような意味で使う**気象**という言葉がある。気温・気圧・風・湿度など大気の状態と,その結果,大気中で起こる雨や雪などの現象,さらに雨上がりに数分間現れる虹から地球規模のジェット気流まで,大小の様々なすべての大気現象が気象である。

日本の気候

南北に距離の長い日本は緯度の差が大きく,亜熱帯から冷帯まで変化に富んだ気候が見られるのが特色である。**冷帯**に属する北海道には,積雪日数が1年の半分を超える地域があり,オホーツク海では春先に流氷が見られる。

亜熱帯の沖縄は雪の降ることがなく,サンゴ礁の海が広がり,パイナップルやサトウキビなど熱帯性の作物が栽培されている。

温帯に属する本州から九州の気候も,季節風や海流の影響で太平洋側と日本海側では大きな違いがある。太平洋側の地方は夏に雨が多く,冬は晴れの日が多いが,日本海側の地方は,冬には世界有数の積雪地帯となる。

一国の中にこのように多様な気候が見られる国は日本以外にはほとんどない。日本よりはるかに広い国土を持つロシアやカナダは流氷を見ることはできるが,サンゴ礁の海は見られない。オーストラリアはサンゴ礁の海は見られるが,流氷は見られない。

日本の気候区分

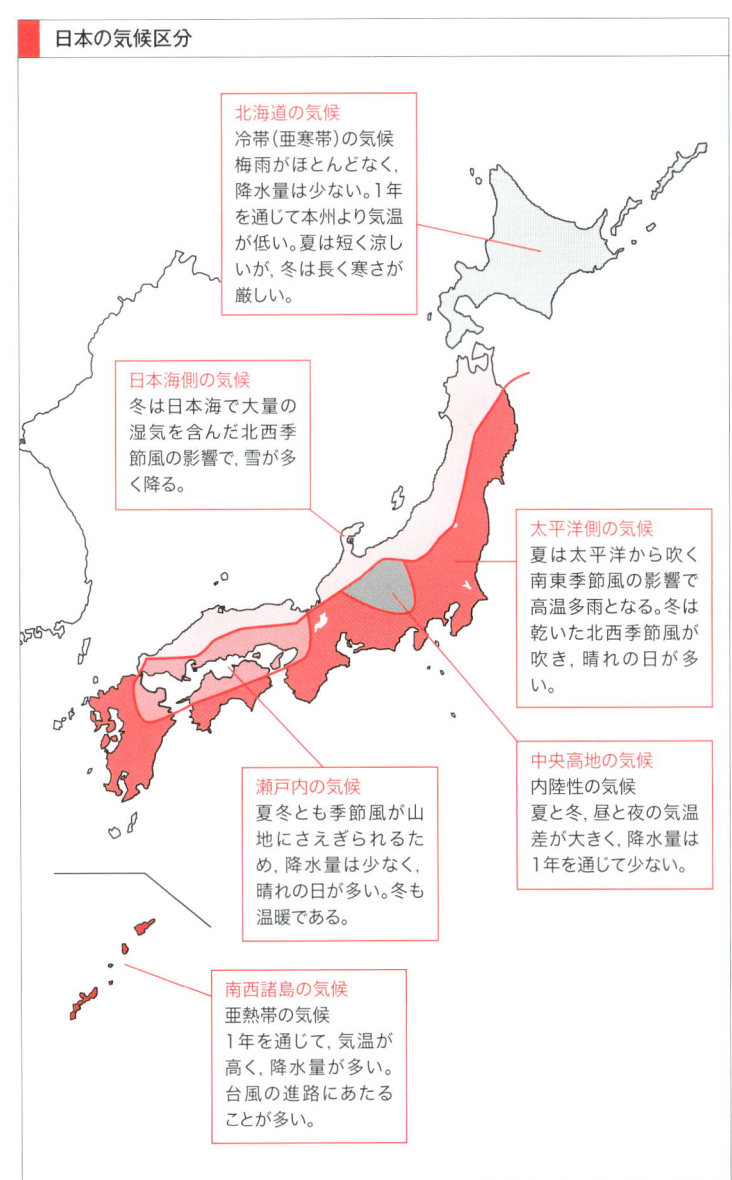

北海道の気候
冷帯(亜寒帯)の気候
梅雨がほとんどなく,降水量は少ない。1年を通じて本州より気温が低い。夏は短く涼しいが,冬は長く寒さが厳しい。

日本海側の気候
冬は日本海で大量の湿気を含んだ北西季節風の影響で,雪が多く降る。

太平洋側の気候
夏は太平洋から吹く南東季節風の影響で高温多雨となる。冬は乾いた北西季節風が吹き,晴れの日が多い。

瀬戸内の気候
夏冬とも季節風が山地にさえぎられるため,降水量は少なく,晴れの日が多い。冬も温暖である。

中央高地の気候
内陸性の気候
夏と冬,昼と夜の気温差が大きく,降水量は1年を通じて少ない。

南西諸島の気候
亜熱帯の気候
1年を通じて,気温が高く,降水量が多い。台風の進路にあたることが多い。

5 食糧と食料の違い

米は食糧？　それとも食料？

　食料とは食べ物全般，**食糧**とは米や麦などの主食となる穀物を指す。これが一般的な解釈だが，食糧が主食物を指すのに対し，食料は肉や魚，野菜，調味料等の主食以外の食品をいう場合もある。また，食糧の「糧」は「かて」とも読み，人が生きるために必要な食べ物という意味を持ち，広義には食糧も食べ物全般を指している。食料と食糧，まったく同義ではないが，明確に使い分けられているわけではない。

　さらに，一般的・日常的にいう場合には「**食料**」，政治的・経済的な観点からいう場合には「**食糧**」を使う傾向もある。これを具体的な事例で見ると，食料品・携帯食料・生鮮食料・食料費などは「食料」，食糧支援・食糧危機・食糧難などは「食糧」が使われている。

　ショクリョウ自給率という場合は，農水省は**食料自給率**と表記しているが，**食糧自給率**を使う例も見受けられる。ショクリョウ問題の場合は，外務省では両方を使っており，大手の新聞社でも，**食料問題**と表記する社と**食糧問題**と表記する社に分かれている。

ワンポイント知識 「フードマイレージ」ってナニ？

　食料問題もちょっと視点を変えてみると意外な事情が見えてくる。フードマイレージとは食料の重量×輸送距離で表す数値である。生産地と消費地が離れるほどこの数値は大きくなり、日本は総量、国民1人あたりの量ともに世界一である。アメリカ・カナダ・オーストラリアなど遠くの国々から多くの食料を輸入しているためだ。これは輸送コストの問題ばかりではなく、輸送には多くの燃料を使うため、CO_2排出量が大きくなり、環境へ及ぼす影響も大きい。近年では各地で、地域内で生産された旬の食品を食べようという地産地消の取り組みが進んでいる。

250gのパンを作るのに国産小麦とアメリカ産小麦を使った場合のCO_2排出量の比較

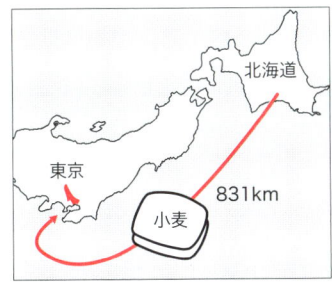

北海道から東京831km。
CO_2排出量は35g

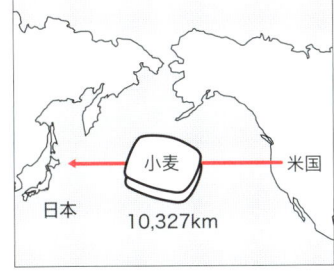

アメリカから東京10,327km。
CO_2排出量は145g

主要国の国民1人あたりのフードマイレージ比較

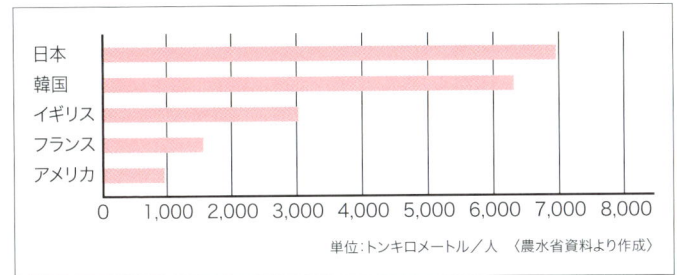

単位：トンキロメートル／人　〈農水省資料より作成〉

6 促成栽培と抑制栽培の違い

今では，ナス・キュウリ・キャベツ，どんな野菜でも一年中スーパーの店頭に並んでいる。

促成栽培

促成栽培とは，温暖な気候やビニールハウスなどの施設を利用して，農作物の生育や収穫を早める栽培方法をいう。南九州・南四国・房総半島など温暖な地方でさかんで，ナス・ピーマン・キュウリなどを生産している。ふつうの露地栽培よりも早い時期に出荷できるため，高い価格で販売することができるのがメリットだ。ただ，高く販売できるとはいえ，右の資料でも明らかなように露地栽培よりも生産経費が高く，そのまま収益に繋がるわけではない。ハウス栽培には冬季の暖房が欠かせないが，とりわけ重油価格の変動は経営収支に大きな影響を及ぼす。あるハウス農家の事例だが，10aのハウス内の温度を13℃に設定し，暖房機を1日8時間稼働させると100リットルほどの重油を消費するという。一晩で家庭用のポリタンク5.6個分，約1万円の出費だそうだ。低価格の外国産の野菜の輸入が増えていることもハウス農家には脅威だ。

抑制栽培

促成栽培とは逆に，冷涼な気候を利用して作物の生育や収穫時期を遅らせ，露地栽培の生産が落ち込む夏場に出荷する栽培方法を抑制栽培という。生産地は夏でも冷涼な気候の中央日本の高冷

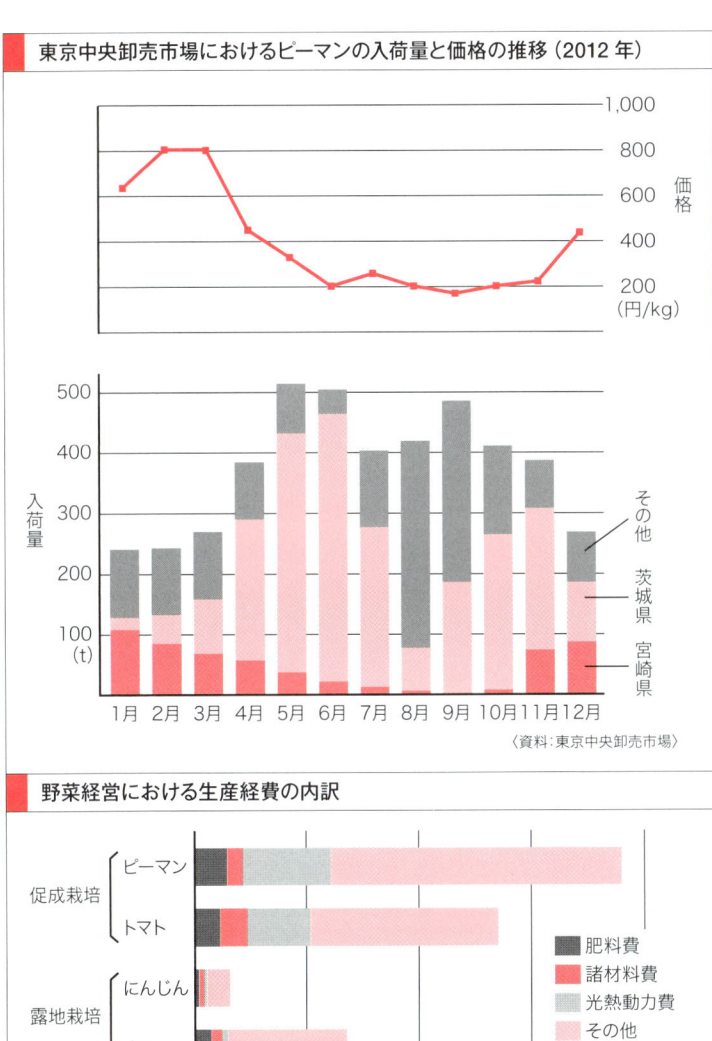

東京中央卸売市場におけるピーマンの入荷量と価格の推移（2012年）

〈資料：東京中央卸売市場〉

野菜経営における生産経費の内訳

促成栽培の野菜は市場価格が高くなるが、露地栽培に比べ生産費が高い。

〈資料：農林水産統計年報〉

地で，生育期間の短いキャベツ・レタスなどの葉菜類を中心に栽培している。これらは**高原野菜**と呼ばれている。

八ヶ岳東南麓の標高1,300〜1,400mに広がる長野県南牧村の野辺山地区は10haを超える広い農地を経営する農家が多く，早くから高原野菜の産地として発展してきた。野辺山地区と隣接する長野県川上村や群馬県西部の嬬恋村も国内有数の高原野菜の産地として収益の高い農業が行われている。

産地が高冷地に限られているのは，促成栽培の場合は太陽光や重油によってハウス内を暖房するが，冷房は電気でしか行えず，冷房設備を使ったハウスの抑制栽培は技術面・採算面で制約が大きく，従来は無理と考えられていたからである。

しかし，近年，新しい栽培方法が注目されている。それは**雪冷房システム**を応用したハウス栽培だ。雪冷房システムとは，冬に降った雪を貯雪槽に蓄え，夏になると冷房に利用する雪冷房と思えばわかりやすい。設備さえつくれば，ランニングコストは格段に安いため，北海道や東北地方ではすでに公共施設や貯蔵施設の冷房には実用化されていたが，近年，このシステムを利用して冷房したハウス内でのイチゴやシイタケなどの抑制栽培が各地で始まっている。

東京中央卸売市場におけるレタスの入荷量と価格の推移（2012年）

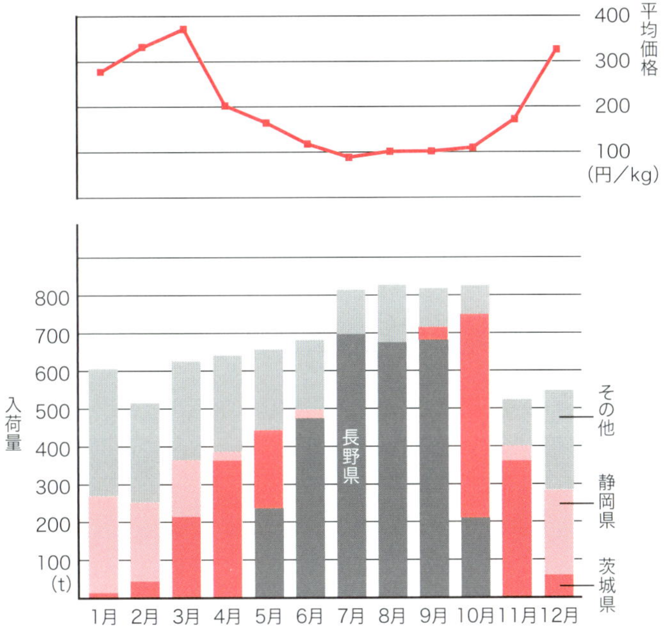

雪冷房ハウスのしくみ

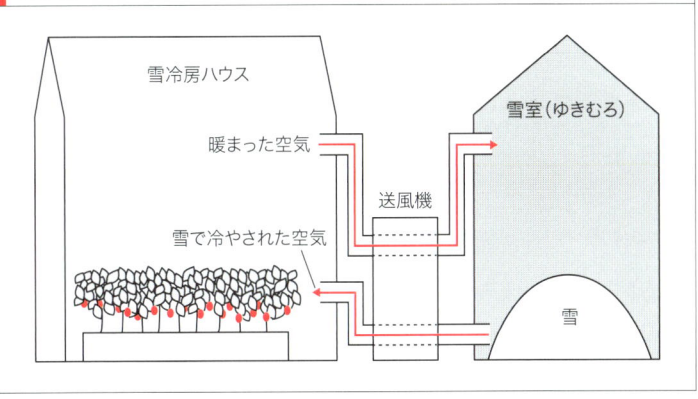

〈資料：東京中央卸売市場〉

7 稲と米の違い

稲と米，英語ではどちらもライス（RICE）だが…

　稲とはイネ科の一年草で，植物の名である。米はその稲の実，つまりいわゆる米粒のことだが，植物としての稲を米と呼ぶ場合もある。米を炊きあげると飯（めし）やご飯（はん）といい，すし屋では「しゃり」とも呼ぶ。

　また，麦・野菜類・芋類など米以外の作物を栽培する農地はすべて畑と呼ぶのに対し，米を栽培する農地に限って田と呼ぶ。日本語にこれほど米に関する特別な呼び方があるのは，米がそれだけ暮らしや文化の中で日本人と深い関わりを持ってきたからだ。

　18世紀のイギリスの経済学者アダム・スミスは，著書『国富論』のなかで，「水田は，他のどの穀物畑よりもはるかに多くの食糧を生産する」と述べている。米は単位面積あたり豆の2.7倍，小麦の1.7倍の収穫ができる。米の優秀性は何よりも土地生産性が高いことであり，だからこそ1億2000万人もの日本人の食生活を安定維持させることができるのである。中国やインドなど世界の人口大国に米を主食とする国が多いのもそのためだ。さらに，毎年，水が栄養分を補充する水田は，地力が低下することがなく他の作物ではできない連作が可能なことも優秀性の一つだ。

　近年は，食の洋風化にともなうコメ離れの進行が懸念されているが，日本人と米の関わりはそうたやすくはなくならないだろう。

8 二期作と二毛作の違い

「期」は「一区切りの月日」という意味。では、「毛」にはどんな意味が？

　二期作とは1年間に同一の耕地で同じ作物を2回栽培すること、**二毛作**とは1年間に同一の耕地で2種類の作物を栽培することである。ただ、二期作という場合は、一般に**稲作**に対してそう呼んでおり、二期作がさかんな中国華南や東南アジアでは、4〜6月頃と11月頃の2回、米を収穫する。ジャワ島やメコンデルタでは、さらに1年間に米を3回収穫する**三期作**も行われている。

　日本では、1970年頃まで気候の温暖な高知平野などで二期作が行われていた。1度目は7月頃に収穫するが、これは台風シーズンを避けるという意味もあった。ただ、減反政策が進む現在はほとんど見られなくなった。

　二毛作は、一般には初夏から秋にかけて**表作**として米を栽培し、残りの期間に**裏作**として麦や野菜などを栽培する農業のことをいう。水田単作地帯の日本海側の地方を除き、かつてはどこでも見られたが、兼業農家が増えた現在では、裏作をしない田が多い。

　大都市周辺の近郊農業地帯では三毛作や四毛作の野菜栽培が見られる。ちなみに、室温や日照などを完全管理しているある野菜工場の場合、水耕栽培によってレタスなどを年間に25毛作で生産しているというから驚きだ。

　最後に二毛作の語源だが、「不毛」という言葉に使われるように「**毛**」という漢字には「作物ができる」という意味がある。

9 野菜と果物の違い

トマトは果物だろうか，それとも野菜？

18世紀末のアメリカで，トマトの輸入業者が農務省を相手にトマトは果物だと主張し，裁判を起こした。当時のアメリカでは，輸入の際に果物は課税されなかったが，野菜には10％の関税が課せられていたため，税金を免れようとしたのだ。農務省はトマトは野菜であると反論，両者は譲らなかったが，結果は輸入業者の負け。トマトはキュウリやカボチャと同じように野菜畑で育てられ，また，トマトは食事中に出され，デザートにはならないというのが判決理由だ。畑で作るのが**野菜**，木などになる果実が**果物**という解釈だ。

それでは，イチゴやメロンはどっちだろう？　どちらも木になる果実ではないが，かといって誰も野菜とは思っていない。農水省は統計上，野菜について次のように定義している。

1　田畑に栽培されること
2　副食物であること
3　加工を前提としないこと（例：こんにゃくなど）
4　草本性であること

　果物は木本性などの永年作物であり，果樹として分類している。そのため，イチゴ，メロン，すいかは農水省の生産や出荷の計上は野菜である。しかし，一般人の感覚や利用法は果物だ。専門用語ではこれらを**果実的野菜**と呼んでいる。

10 獲る漁業と育てる漁業の違い

天然の寒ブリと養殖ブリ，その味に違いはあるのだろうか？

育てる漁業の現状

「**獲る漁業から育てる漁業へ**」の標語のもとに，養殖漁業や栽培漁業の振興が各地で重視されるようになった。本来，漁業とは自然の生態系の中の魚を採取する粗放的な産業だが，**育てる漁業**と呼ばれる養殖漁業や栽培漁業は，魚介類の生育環境を人間が管理し育成する集約的な産業で，農業や畜産業の生産体系に似ている。卵や稚魚を出荷するまで，いけすの中などで人の手で育てるのが**養殖漁業**，卵からふ化させて，ある程度まで成長させたあと，自然の海や川へ放つのが**栽培漁業**である。

育てる漁業は限られた水産資源を守り，生産を安定させるため，全国各地で積極的に取り組まれている。もっとも成果が著しいのはサケである。1960年代の高度経済成長期には，海や川の水質悪化によって全国の河川に来遊するサケの数は500万尾ほどに減少していた。しかし，その後の水質改善と稚魚の放流事業の推進によって，最近20年ほどは秋になると毎年4,000〜6,000万尾のサケが各地の川を遡上するようになった。

ちなみに，多くの人は気づいていないが，回転寿司でサーモンと呼ばれ，ネタとしてよく使われているのはトラウトサーモンというマスの仲間で，実はサケとは別の魚である。

養殖によって，日本国内でもっとも多く生産されているのはハ

マチやカンパチなどブリ類の魚である。回転寿司でわれわれが口にするハマチも養殖ものと思ってまず間違いはない。

ところで、養殖と天然の魚には味に違いはあるのだろうか。ハマチなどブリ類の場合、養殖ものは天然ものより油脂分が低く、食感にも違いがあるといわれるが、どちらを美味しいと思うかは結局は個人の好みだ。ヒラメやトラフグでは、成分も味も養殖ものと天然ものにはほとんどは差はないそうである。

養殖漁業が抱える課題

ただ、養殖漁業の発展には人間の食欲が根底にあり、そこには矛盾や問題点があることを見落としてはならない。ハマチ養殖の場合、モジャコと呼ばれる3～5cmの稚魚を海で捕獲し、約2年かけて体長が60cm、重さ4kgくらいまで育てて出荷する。その大きさまで育てるには相当量のエサが必要だが、問題なのはそのエサがイワシやサバなど結局は他の魚であることだ。1kgの肉を生産するのに何kgのエサが必要かという割合を**増肉係数**という。ブリ類ではおよそ8、つまり4kgのハマチ1尾を育てるのに約32kg、イワシの数に換算すると約600尾のイワシをエサとして与えることになるのだ。つまり、多くの人が食べたい魚を育てるために、その数十倍の量の人気のない他の魚をエサにして与えているのが養殖漁業といえる。国内で漁獲されるイワシのうち、食用に向けられているのは22％にすぎない。ちなみにこれは畜産業においてもいえることで、牛肉1kgを生産するためには

おもな魚の増肉係数	
ブリ	8
マダイ	13
ヒラメ	3
トラフグ	4
マグロ	15
クルマエビ	18

育てる漁業

養殖漁業
① 養殖場で卵をふ化させたり、海から稚魚を捕獲する
② 稚魚を育てる
③ 成魚まで育て、水揚げする
④ 出荷する

栽培漁業
① 栽培漁業センターで卵をふ化させる
② 稚魚を育てる
③ ある程度の大きさまで育てた稚魚を海や川に放流する
④ 大きく育った魚を漁獲する

国内産のおもな魚の天然ものと養殖ものの比率

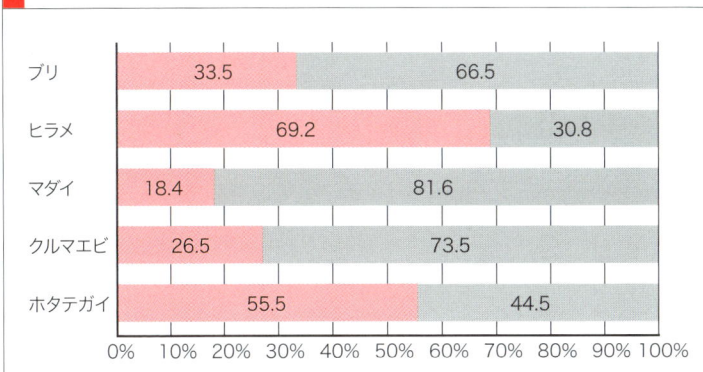

魚種	養殖(%)	天然(%)
ブリ	33.5	66.5
ヒラメ	69.2	30.8
マダイ	18.4	81.6
クルマエビ	26.5	73.5
ホタテガイ	55.5	44.5

〈資料：農水省水産統計2009〉

11kg，豚肉は 7kg，鶏卵は 3kg の穀物をエサとして与えている。

　もう一つ，日本人ならば知っておかねばならない問題がある。**日本は世界一のエビ消費国**だが，日本人が食べるエビの 9 割以上は海外からの輸入，さらにその大半はベトナムやインドネシアなど東南アジアの国々で養殖されたエビである。かつてこれらの国々では，エビの養殖池を造成するために海岸部の**マングローブ林**が次々と切り開かれた。水田への転換や製炭材としての大量伐採など他の要因もあるが，1960 年代にはこの地域の海岸線の 4 分の 1 を覆っていたマングローブ林が，90 年代末までにその半分が消滅してしまったのだ。マングローブ林は，多種多様な水生生物が繁殖・生息する「海の里山」，さらに塩害や土壌浸食，台風の高波などから農地や家屋を守る「緑の防波堤」などと呼ばれる。地域住民の生活に多大な恩恵を与えるとともに，自然や環境の保全のためにも，マングローブ林は貴重な生態系である。

　今，東南アジアの国々はマングローブ林の保護と再生に向けて様々な対策を講じている。もちろん，日本も積極的な支援や協力を行っているが，それは日本が果たすべき責務でもある。

日本のおもな養殖地

- ほたて貝（サロマ湖）
- こんぶ類
- ほたて貝（陸奥湾）
- ひめます（十和田湖）
- わかめ・こんぶ
- かき・わかめ（仙台湾）
- かき（広島湾）
- こい（佐久）
- にじます
- くるまえび
- あゆ
- のり（有明海）
- うなぎ（浜名湖）
- のり・うなぎ（三河湾）
- のり（伊勢湾）
- たい
- 真珠
- 真珠（志摩）
- はまち
- はまち
- まぐろ
- うなぎ
- 真珠（大村湾）
- たい・はまち

第❶章　違いが気になる疑問　39

11 和牛と国産牛の違い

アメリカ生まれでも国産牛と呼んでもよいってホント？

　今，オーストラリアで和牛がブームになっている。シドニーのレストランでは「WAGYU」と表示された 300g の霜降り肉のステーキが 25 ドル（2,300 円）ほど。通常のオージービーフよりはかなり割高だが，それでもグルメの人気を集めているという。

　<u>**和牛**とは日本の在来種を食肉用に改良した牛のことである</u>。松阪牛や近江牛として生産される黒毛和種の但馬牛はその代表である。つまり和牛とは牛の品種を表した言葉で，産地が日本という意味ではない。オーストラリアでは，1990 年代に日本からアメリカを経由して和牛が輸入され，90 年代末には本格的な肥育が始まった。現在では数百の牧場で 13 万頭の和牛が飼育されている。

　オーストラリア産の和牛は，海外へも輸出されており，シンガポールやホンコンでは富裕層を中心に需要が増えている。もちろん日本へも輸出されている。しかし，日本人の素朴な感覚ではオーストラリア生まれでオーストラリア育ちの和牛というのは違和感がある。2007 年，農水省は流通上の混乱を避けるため，「和牛」として販売する際には，国内で出生し，国内で飼育された牛でなければならないという要件を定めた。したがって，たとえ同じ品種であっても，日本国内では外国産の和牛を「和牛」と表示して販売することはできず，その場合は輸入牛という分類になる。

　国産牛とは，国内で出生し，国内で飼育された牛，または日本

国内で3か月以上飼育された牛をいう。つまり，アメリカであれ，オーストラリアであれ，どこで生まれようと，またどんな品種の牛であろうと，とにかく日本国内で3か月以上飼育すれば国産牛なのだ。実際，スーパーで国産牛と表示され安く販売されているのは，和牛ではなく，ほとんどは乳用ホルスタイン種である。搾乳できなくなった老牛や雄牛などが肉牛として利用されているのである。

近年は空前のブランド牛ブームで，銘柄牛やブランド牛と呼ばれているものは，今や東京を除く全国46都道府県にあり，その数は200を超えるという。

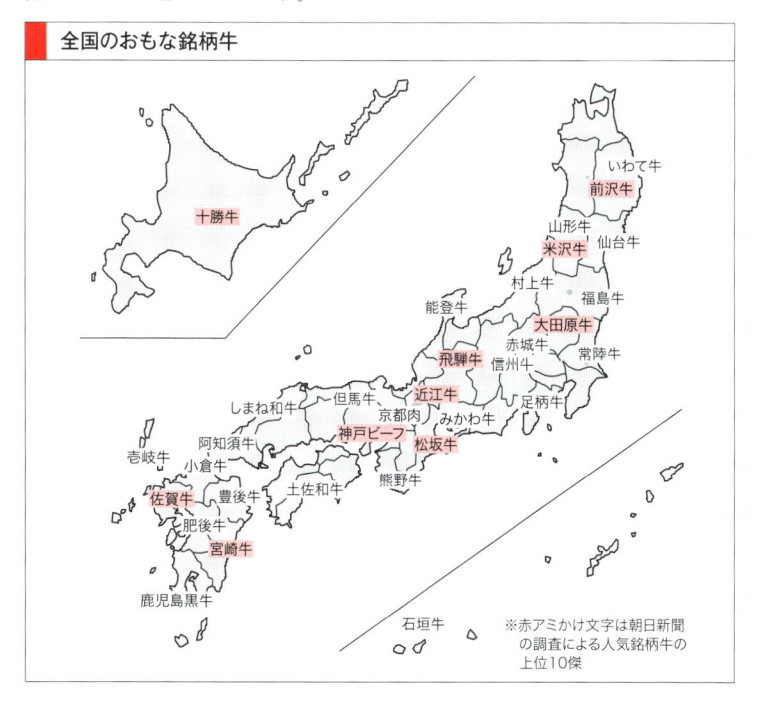

全国のおもな銘柄牛

十勝牛／前沢牛／いわて牛／山形牛／米沢牛／仙台牛／村上牛／能登牛／福島牛／大田原牛／赤城牛／飛騨牛／信州牛／常陸牛／近江牛／足柄牛／しまね和牛／但馬牛／京都肉／みかわ牛／神戸ビーフ／松坂牛／壱岐牛／阿知須牛／小倉牛／熊野牛／佐賀牛／豊後牛／土佐和牛／肥後牛／宮崎牛／鹿児島黒牛／石垣牛

※赤アミかけ文字は朝日新聞の調査による人気銘柄牛の上位10傑

12 工業地帯と工業地域の違い

京浜・中京・阪神・北九州の4か所だけをどうして工業地帯と呼ぶのだろうか？

　ルール工業地帯（ドイツ）やニューイングランド工業地帯（アメリカ）など，世界の場合は工業地帯と呼んでいるが，日本で工業地帯と呼ぶのは，いわゆる**四大工業地帯**つまり**京浜・中京・阪神・北九州**の4か所だけである。瀬戸内や北関東など他の地域は工業地域と呼ばれている。

　工業地帯と工業地域を分ける定義のようなものはあるのだろうか？　生産額の多いのが工業地帯，少ないのが工業地域，単純にそう思いがちだが，日本の高度経済成長が始まる前の1950年代までならそれでも正解だっただろう。しかし，生産額だけを見るならば，今や北九州工業地帯は第9位，瀬戸内工業地域や北関東工業地域は1990年代までは全国1位を誇った京浜工業地帯を上回り，もはや工業生産額の多少では工業地帯と工業地域の違いは説明できない。

　社会科教科書『新しい社会』を出版している東京書籍では，工場が集積した歴史的な展開，工業地の広がり具合や生産額の規模を考慮して，地帯と地域を区別すると説明している。『中学生の地理』を出版している帝国書院では，**工業地帯**は，戦前から昭和30年代の高度経済成長期までに形成された，京浜・阪神・中京・北九州についてのみ用いることが慣例となっており，高度経済成長期以降に形成された工業地については**工業地域**の呼称で呼び慣

日本の工業地帯と工業地域

- 道央工業地域
- 北陸工業地域
- 北関東工業地域
- 鹿島臨海工業地域
- 瀬戸内工業地域
- 太平洋ベルト
- 京葉工業地域
- 京浜工業地帯
- 東海工業地域
- 中京工業地帯
- 阪神工業地帯
- 北九州工業地帯(地域)

らわされていると説明している。

今でこそ日本のどこへ行っても近代的な工場を見ることができるが，明治以来，1世紀以上にわたって日本の近代工業を支えてきたのは京浜・中京・阪神・北九州の4地域である。戦前は，繊維を中心とする軽工業から製鉄や造船など重工業まで，この4地域の工業生産が国内の大半を占め，四大工業地帯と呼ばれた。

日本が高度経済成長期に入ると，瀬戸内，東海，京葉などの埋め立て地にも鉄鋼や石油化学などの大工場が進出するようになった。ただ，それらは独立した工業地域ではなく，四大工業地帯の広域化にともなって発展したものであり，当初は生産規模もまだ小さかったので，先に成立した四大工業地帯とは区別して工業地域と呼ぶようになった。また，四大工業地帯と新興の工業地域は太平洋岸の臨海部に連続して立地しているため，総称して**太平洋ベルト**という新しい言葉も生まれた。

さらに半世紀を経た現在，日本の工業の基幹は重化学工業から自動車・電気機器・ICなどの加工組立型産業へ移行が進んだ。高速道路や空港などが整備されたことも要因となって，工場は太平洋ベルトから内陸部や地方へも進出するようになった。その結果，四大工業地帯の生産額のシェアはますます低下し，工業地帯や工業地域という用語はもはや習慣的に使用しているだけになっている。また，長く使われてきた四大工業地帯という呼称についても，近年はとくに地位の低下が著しい北九州を除いて**三大工業地帯**の呼称が一般的になっている。

おもな工業地帯・工業地域の出荷額の推移

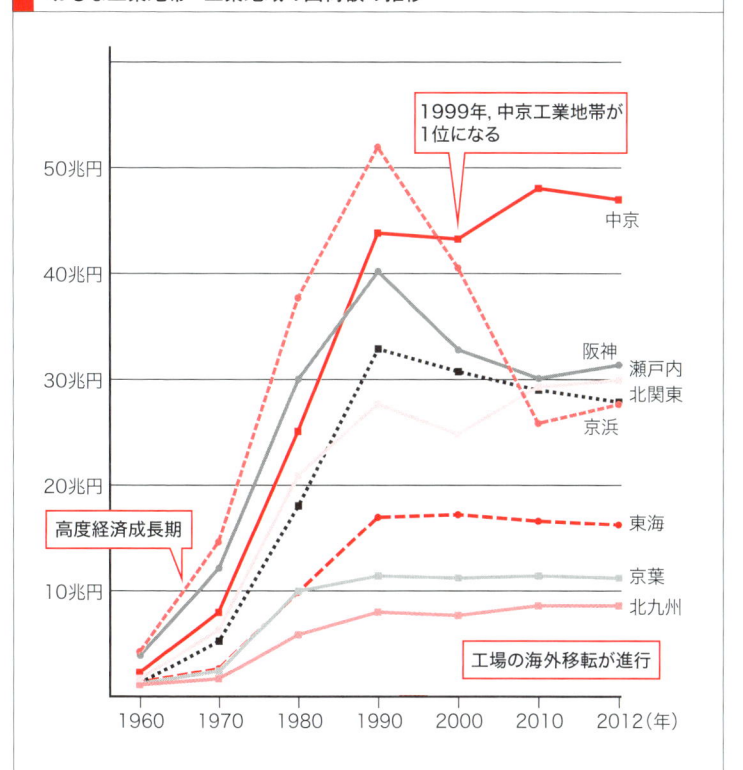

1999年,中京工業地帯が1位になる

高度経済成長期

工場の海外移転が進行

中京
阪神
瀬戸内
北関東
京浜
東海
京葉
北九州

※工業地帯や工業地域の範囲は公式には定められておらず,工業生産額などの統計データを算出する際には,次の区分の都府県の数値を合算する場合が多い。

○北関東工業地域…栃木・群馬・埼玉
○京浜工業地帯…東京・神奈川
○京葉工業地域…千葉
○東海工業地域…静岡
○中京工業地帯…愛知・三重
○阪神工業地帯…大阪・兵庫
○瀬戸内工業地域…岡山・広島・山口・香川・愛媛
○北九州工業地域…福岡

第1章　違いが気になる疑問

13 IC産業とIT産業の違い

デジカメはIC機器なんだけれど，IT機器ではない。スマホはどっち？

ICとはIntegrated Circuitの略，集積回路つまり半導体の素子を基板の上に装着し，金属薄膜で配線して作った電子回路のことをいう。**半導体**は電気をよく通す良導体（鉄・銅など）と電気を通さない絶縁体（ゴム・ガラスなど）の中間的な性質を持った物質である。シリコンやゲルマニウムがよく知られており，温度の変化や光の照射などにより電気抵抗率が大きく変化するのが特徴だ。このような半導体の特性を利用して，電流を一方向にしか流さないダイオードや電流の増幅作用を持つトランジスタなどの電子部品を生産するのが**IC産業**である。

ITはInformation Technologyの略，情報技術つまりコンピューター・インターネット・携帯電話などを使う情報処理や通信に関する技術のことをいう。**IT産業**とはそのような情報・通信技術に関連する産業の総称で，コンピューターやその周辺機器・ソフトウェアの開発販売，通信サービス，企業の情報システムの構築など幅広い分野が含まれる。

現代は**情報化社会**と呼ばれ，情報システムが市民生活や企業活動のあらゆる場面に浸透するようになったが，それを可能にしたのがIC産業やIT産業のめざましい発展である。この分野ではかつては日本が世界を牽引し，1990年頃までは世界の半導体の50%以上を供給していた。しかし，今や世界の半導体市場は韓

国が躍進，OSや検索エンジンはマイクロソフトやグーグルなどのアメリカ企業の独壇場で，日本は残念ながら完全に後塵を拝しているのが実状だ。日本のIC産業やIT産業は，今，存亡の淵に立たされている。

世界の半導体メーカー上位10社の推移

1990年	2000年	2009年	2013年
①NEC（日）	①Intel（米）	①Intel（米）	①Intel（米）
②東芝（日）	②東芝（日）	②サムスン（韓）	②サムスン（韓）
③日立（日）	③S.T.micro（スイス）	③東芝（日）	③TSMC（台湾）
④Motorola（米）	④サムスン（韓）	④T.I（米）	④Qualcomm（米）
⑤Intel（米）	⑤T.I（米）	⑤S.T.micro（スイス）	⑤Hynix（韓）
⑥富士通（日）	⑥NEC（日）	⑥Qualcomm（米）	⑥東芝（日）
⑦T.I（米）	⑦Motorola（米）	⑦Hynix（韓）	⑦T.I（米）
⑧三菱（日）	⑧日立（日）	⑧ルネサス（日）	⑧Micron（米）
⑨Philips（オランダ）	⑨Infineon（ドイツ）	⑨AMD（米）	⑨S.T.micro（スイス）
⑩松下電子（日）	⑩Philips（オランダ）	⑩Infineon（ドイツ）	⑩Broadcom（米）

※ T.I = Texas Instruments 〈資料：IHS iSuppli〉

OSの世界シェア（2013）

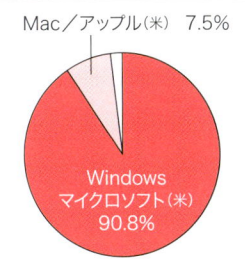

Mac／アップル（米） 7.5%
Windows マイクロソフト（米） 90.8%

検索エンジンの世界シェア（2013）

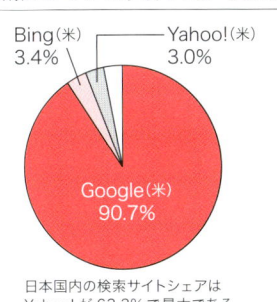

Bing（米） 3.4%
Yahoo!（米） 3.0%
Google（米） 90.7%

日本国内の検索サイトシェアはYahoo!が63.3%で最大である。

〈資料：INFO CUBIC〉

14 太陽熱発電と太陽光発電の違い

最近,住宅の屋根への設置が増えているのはどっち?

太陽熱発電とは,レンズや反射板を使って太陽光線を太陽炉に集めて熱源とし,高温水蒸気を発生させ,火力発電と同じようにタービンを回転させることによって発電する方法である。

太陽光発電は,光が当たることによって電気を発生する**太陽電池**を利用して直接電気をつくりだす。太陽電池は,P型・N型の異なる性質を持つ2種類の半導体の層を組み合わせたもので,太陽電池に光が当たると,発生した正孔(+)はP型半導体に,電子(-)がN型半導体に引き寄せられて,電流が流れる。電池といっても電気をためておくことはできない。太陽電池をいくつも並べて接続したものを**ソーラーパネル**という。

どちらの発電方法も CO_2 を排出しない自然エネルギーとして評価は高い。コスト面を比較すると,高価な太陽電池を必要としない太陽熱発電が施設建設や保守の面で有利である。中東やアメリカ西部の砂漠地帯では,発電能力が10万kWクラスの太陽熱発電所がすでに稼働しているが,広大な敷地を必要とするため,日本では研究開発が停滞し,太陽光発電が先行している。

しかし,太陽光発電の場合でも100万kW級の原子炉1基と同じ量の電気をつくろうとすれば,業務用のソーラーパネルを約66km²に敷き詰めなければならない。これは東京ディズニーランドの約130倍の広さに相当する。

日本の電力構成の推移

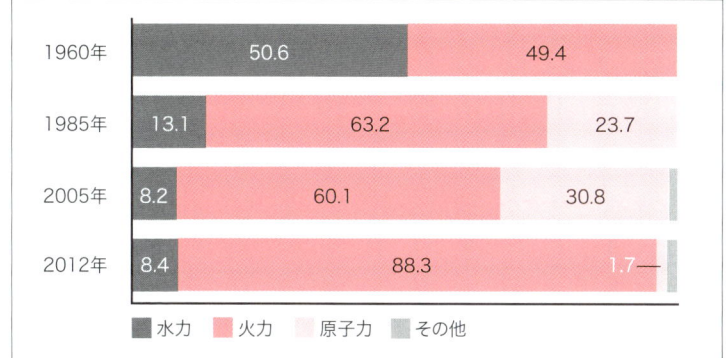

年	水力	火力	原子力	その他
1960年	50.6	49.4		
1985年	13.1	63.2	23.7	
2005年	8.2	60.1	30.8	
2012年	8.4	88.3	1.7	

日本では1966年に商業用の原子力発電が始まり、その後、発電シェアを拡大してきた。しかし、2011年の福島第一原子力発電所の事故を契機に、原子力発電所の安全性が再論議されるようになり、国内の多くの原子炉が発電を停止した。

〈資料:電気事業連合会〉

世界のおもな国の電力構成 (2006年)

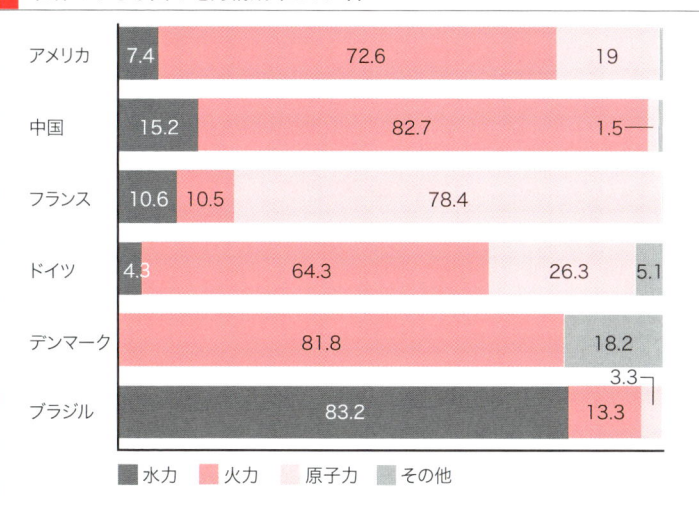

国	水力	火力	原子力	その他
アメリカ	7.4	72.6	19	
中国	15.2	82.7	1.5	
フランス	10.6	10.5	78.4	
ドイツ	4.3	64.3	26.3	5.1
デンマーク		81.8		18.2
ブラジル	83.2	13.3	3.3	

デンマークでは、海岸から数km離れた洋上に多くの大型風車が設置されている。2030年までには国内の電力消費の50%を風力発電でまかなうことをめざしている。

〈資料:世界国勢図会〉

15 府と県の違い

　京都と大阪だけを，なぜ県ではなく府と呼ぶのだろうか。学校でも教師を困らせる質問だ。現在では<u>地方自治の行政機関としての府と県の権能には何ら差異はない</u>。しかし，本来，府と県は意味が異なり，成立過程も違う。

　まず意味だが，**府**という言葉には「太宰府」「幕府」「政府」などのように行政機関の中心という意味があり，**県**という言葉は古代中国の春秋時代から続く地方行政区画の制度に由来する。

　江戸幕府は，直轄領（天領）のうち，長崎など重要な16か所に遠国奉行(おんごくぶぎょう)を配置していたが，1868（明治元）年，明治政府はこれを廃して，東京・京都・大阪・長崎・度会(わたらい)（現伊勢市）・奈良・新潟・箱館・神奈川の9か所に新たな支配機関として府を設置した。しかし，翌年には，府の呼称は京都・大阪・東京の3都市のみとし，他は県に改称される。天皇が住んでいた**京都**，経済の中心**大阪**，行政の中心**東京**の江戸時代には三都と呼ばれていた3都市を新政府も重視したのであろう。

　そして1871（明治4）年，中央集権国家の確立のため，**廃藩置県**を実施し，開拓史が置かれていた北海道を除く3府72県（当初は302県）の府県制が発足した。

　その後，東京は第二次世界大戦中の1943年に首都機能の強化のために都制へ移行した。なお，1882（明治15）年には，一時期だが北海道にも函館・札幌・根室の3県が設置されことがある。

16 まち（町）とむら（村）の違い

　ここでは地方自治体としての町や村ではなく，集落としての「まち（町）」と「むら（村）」の違いについて解説する。

　人口の多いのが町，少ないのが村，人口の多少が町と村の違いだと思っている人が多いのではないだろうか。一概に間違いと断定はできないが，町と村には実はもっと明確な違いがある。

　集落を意味する言葉に，「町」という漢字を含むものとして，**城下町・門前町・宿場町・港町**などがあり，「村」を含む言葉として，**農村・漁村・山村**などがある。しかし，これらの言葉の町を村，村を町へ置き換えることはできない。どんなに人口が少なくても宿場町であって宿場村ではなく，農町や漁町という言葉もない。

　農林業つまり第1次産業を基幹とする集落が**むら（村）**，鉱工業や商業など第2次・第3次産業を基幹とする集落が**まち（町）**である。第1次産業を営むには，田畑にしろ，漁場にしろ，ある一定の広さが必要だが，第2次・第3次産業は土地の制約をほとんど受けずに成立し，限られた面積で多くの住民の生活を可能にする。また，第1次産業はどんなに人口が少なくても成立するが，第2次・第3次産業はある程度の人口の集中がなければ成立が難しい。その結果として，村よりも町の人口が多くなるわけである。

　ちなみに，「まち」には**街**（まち）という漢字もあるが，街は，町の中の家屋の密集した一区画を指す。商店街，飲食街，住宅街，街路樹，街灯などの使い方をし，英語でいえば street のようなものだ。

17 関東地方と首都圏の違い

高校野球の関東大会には山梨県代表が参加する。中部地方の山梨県がなぜ関東地方の大会に出場するのだろうか？

関東地方と山梨県

関東地方とは，一般的には東京都・千葉県・埼玉県・神奈川県・茨城県・栃木県・群馬県の1都6県を指し，**首都圏**とはこの関東1都6県に山梨県を加えた1都7県をいう。

関東地方は，関東平野を中心に三方を1,000～2,000m級の険しい山々に囲まれ，周縁部とは地勢上明瞭な区分ができる地域であり，すでに平安時代には「**坂東**（ばんどう）」，江戸時代には「**関八州**（かんはっしゅう）」などと呼ばれる広域文化圏を形成していた。現在でも関東1都6県は，東京を中心に交通・経済・文化などあらゆる面で密接に結びついた一体性を持った地域である。

山梨県の場合はどうだろうか。まず地勢を見ると，関東地方とは秩父や丹沢の山々で隔絶している。甲斐の国と呼ばれた江戸時代，甲州街道が江戸から通じてはいたが，甲斐へ向かうには急峻な小仏峠（こぼとけ）（標高560m）や笹子峠（ささご）（1,096m）を越えねばならず，さらに小仏峠には関所が置かれており，人々の往来は決して活発ではなかった。交通が発達した現代でも，東京と隣接する千葉・埼玉・神奈川の3県からは，それぞれ80～100万人の人々が都内へ通勤・通学しているが，同じように東京と県境を接している山梨県内から東京都内への通勤通学者は1万人ほどにすぎない。

関東地方の地勢

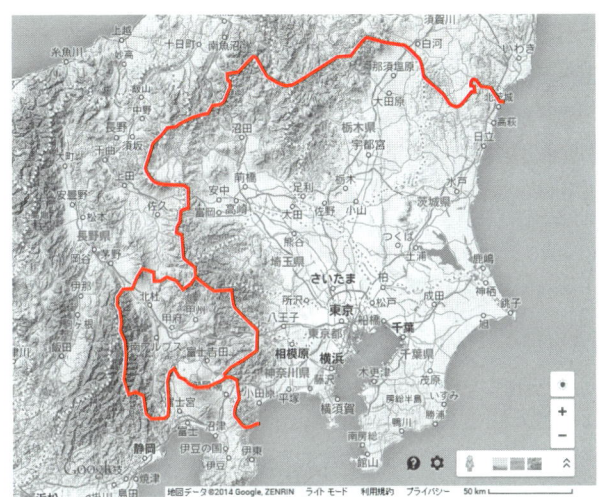

©Google

首都圏の範囲

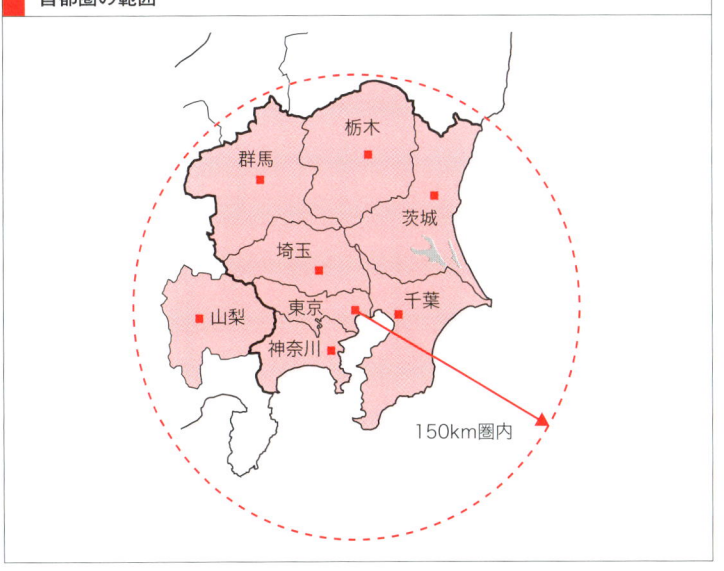

150km圏内

第❶章 違いが気になる疑問

なぜ，山梨県が首都圏に

　明治以来，学校の授業で教えられてきた8地方区分では，山梨県は関東地方ではなく中部地方として扱っている。しかし，首都東京とその周辺地域の広域的・総合的な発展を図るため，1956（昭和31）年に制定された**首都圏整備法**では，「**首都圏**は東京を中心に半径約150km圏内の地域」と定義され，東京・茨城・栃木・群馬・埼玉・千葉・神奈川とともに，山梨県全域がすっぽり首都圏に含まれている。

　行政面から見てみよう。たとえば，国交省は全国を9ブロックに区分し，それぞれに運輸局を設置しているが，山梨県は関東運輸局の管轄下にある。高等裁判所や天気予報の地方予報区など他の官公署についても，山梨県は行政的にはすべて関東に属している。衆議院選挙の比例区も山梨県は**南関東比例区**に属し，スポーツの場合も山梨県の高校や大学は**関東大会**に参加する。

　地勢的には，確かに山梨県は関東地方の外側に位置するが，県庁所在地の甲府までJR特急で新宿から約1時間半であり，都心からの所要時間は前橋・宇都宮・水戸など北関東の諸都市とほとんど変わらない。リニア新幹線が開通すれば東京－甲府間はわずか25分，むしろ北関東よりも近くなる。山梨県と東京を中心とする関東地方との結びつきは今後もますます強まるだろう。

関東地区の行政区分の事例

A

○総務省　関東総合通信局
○春期関東地区野球大会
（秋期は東京地区は不参加）

B

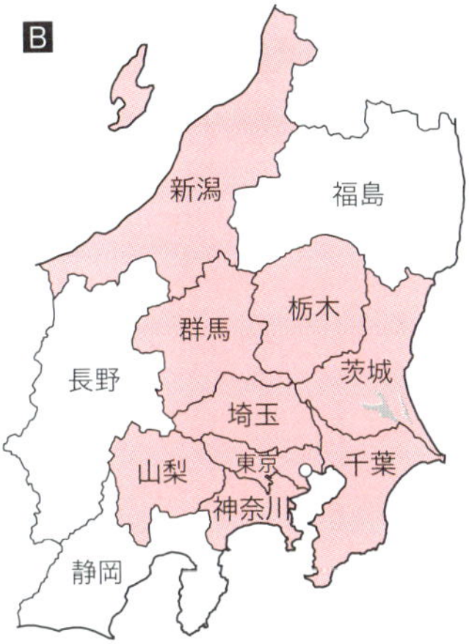

○財務省　関東財務局
○東京高等裁判所

C

○気象庁　関東甲信予報区

D

○国交省　関東運輸局
○農水省　関東農政局管轄地域

18 近畿地方と関西地方の違い

三重県や福井県は近畿地方? それとも中部地方?

🎵 近畿地方ってどこ?

　大宝律令といえば高校入試では頻出用語だが、近畿という言葉の起源は、この大宝律令が制定されたおよそ1300年前まで遡る。律令体制を整えるために朝廷は全国を七道と呼ぶ7地域に行政区分し、都の周辺地域は畿内と呼ばれた。畿内とは都を中心とする山城・大和・河内・和泉・摂津の5か国を指し、これは現在の奈良県・大阪府の全域、京都府南部・兵庫県東部にあたる。この畿内に近接する地域が近畿である。明治以降、学校教育で全国の8地方区分が定着すると、大阪・京都・滋賀・三重・奈良・和歌山・兵庫の2府5県が近畿地方と呼ばれるようになった (p.76参照)。

　しかし、運輸局や財務局など近畿地方を管轄する国の出先機関を見ると、大阪・京都・滋賀・奈良・和歌山・兵庫の2府4県を管轄エリアとしている場合が多く、三重県は含まれていない。高校野球やインターハイの近畿大会にも三重県代表は参加しない。

　最近は、近畿圏という言葉もよく使われる。国土の整備・保全を目的とする国土形成計画の一環として、国交省のイニシアチブのもと近畿圏広域地方計画と呼ばれる事業が進められている。この計画が対象としている近畿圏とはやはり三重県を除いた2府4県である。ところが、京阪神を中心に経済・文化の発展をめざす近畿圏整備法では、三重県とさらに福井県を加えた2府6県が

近畿圏として指定されている。近畿地方あるいは近畿圏の範囲については，首都圏のように統一された定義がないわけだ。

なお，関連する自治体が提携して広域行政を推進するための協議組織である近畿ブロック知事会や中部圏知事会には，滋賀・三重・福井県の境界地域の3県は両方の知事会に参加している。

○近畿ブロック知事会（大阪・京都・奈良・滋賀・和歌山・兵庫・三重・福井・鳥取・徳島）

○中部圏知事会（愛知・三重・岐阜・静岡・福井・石川・富山・長野・滋賀）

関西ってどこ？

<u>関西</u>の範囲は三関より西（p.72参照），つまり本来は<u>三重県を含まず，大阪・京都・滋賀・奈良・和歌山・兵庫の2府4県である</u>。しかし，これも慣習的な概念で明確な定義はなく，関西と近畿はほぼ同じ範囲と考えて差し障りはないだろう。

ただ，近畿○○局などの行政機関や大会などの公的な名称の頭に付くのは，関西ではなくほとんどが近畿だ。逆に，関西人・関西風・関西弁という言葉はあるが，近畿人・近畿風・近畿弁などとはいわない。**近畿は行政面の地域名，関西は文化面の地域名**と，慣習的に使い分けられているようだ。かつてNHK大阪放送局が製作する「おはようきんき」「ウィークエンドきんき」という地域情報番組があったが，現在は「おはよう関西」「ウィークエンド関西」と番組名が変更されている。NHKも近畿はお役所的なイメージが強く，関西のほうが親しみやすいと判断しているようだ。

🎵 三重県は何地方？

　近畿地方を管轄する国の出先機関は大阪市に置かれているが、三重県は**名古屋市**にある出先機関の管轄下にある。また、インターハイなどの全国大会出場をめざす県内の高校運動部は、近畿大会ではなく東海大会に参加する。県北部の桑名市や四日市市から名古屋まで電車でわずか20～30分、地理的にも文化や経済などの面でも三重県は名古屋や**東海地方**との結びつきが非常に強い。

　学校では三重県は近畿地方と習ったけれど、これほど名古屋との結びつきがあるのなら、なぜ三重県は中部地方にならなかったのだろう。そんな疑問を持つ人は多いはずだ。

　そうなったのは、全国を8地方に区分した明治のお役人が、おそらく机の上に開いた地図だけでエリア分けをしたためだろう（p.75参照）。地図で見ると、本州の中央部は若狭湾から伊勢湾までが極端に狭まっており、ここを境界として三重県のある紀伊半島全域を近畿地方とするのは確かに地図上ではわかりやすい。明治中頃には、木曽川に橋が架けられて鉄道が開通し、三重県は当時から名古屋圏に属するようになっていたが、お役人たちはそれを考慮しなかったようだ。そして、国定教科書をつくるときに、三重県を除外して中部地方という一体性のない名ばかりの地方を設定したため、三重県は地図帳では近畿地方だが、実態は中部地方という矛盾した扱い方をされるようになってしまった。

　ただ、同じ三重県でも西部の**伊賀地方**は名古屋よりも大阪が近く、経済や文化は関西との結びつきが強い。カップうどん「どん兵衛」も、四日市や津で販売されているのは東日本バージョンだが、伊賀地方では西日本バージョンが販売されている。(p.190参照)

近畿・東海地区の行政区分の事例

A

○財務省　近畿財務局・東海財務局
○総務省　近畿・東海総合通信局
○気象庁　近畿地方予報区・
　　　　　東海地方予報区
○近畿地区高校野球大会
○衆議院議員総選挙比例代表区
　・近畿ブロック・東海ブロック

B

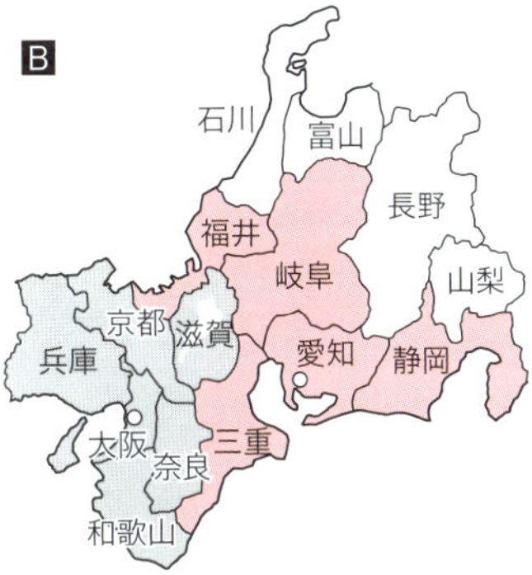

○国交省　近畿運輸局・中部運輸局

C

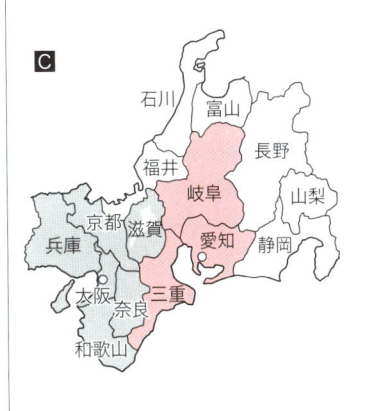

○農水省　近畿農政局・東海農政局

D

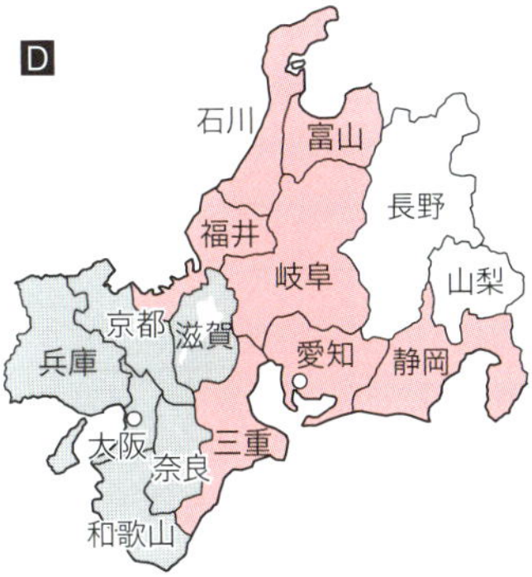

○大阪・名古屋高等裁判所

19 国立公園と国定公園の違い

どちらも自然環境を守るために指定された自然公園なんだけれど…

　四季折々に彩なす美しい自然と風景，日本が世界に誇る景観を，次の世代へ引き継ぐために，アメリカなどの先例に倣って1934（昭和9）年，瀬戸内・雲仙・霧島の3か所が初めて国立公園に指定された。当初は，古くから人々に親しまれてきた名所や旧跡，火山などの山岳が国立公園の対象であったが，時代とともに，海岸や島など海の景観，樹木や野生動物などの生態系の景観，湿原景観など，風景の評価は多様化してきた。

　1957（昭和32）年には自然公園法が制定され，**国立公園**は国の風景を代表するに足りる傑出した自然の風景地（海域の景観地を含む）と定義された。現在まで全国で31か所が指定されており，その面積は国土の5.9%の約218万haを占め，**国（環境省）が管理**している。

　国定公園は，国立公園に準ずる自然の風景地を国が指定し，**都道府県が管理**する。全国で56か所が指定されている。

　他に，国土交通省が設置する都市公園や緑地などの**国営公園**があり，立川市（東京）にある昭和記念公園や美ら海水族館のある沖縄記念公園など全国で17か所が指定されている。

　さらに，戦前までは旧皇室苑地であった皇居外苑・新宿御苑・京都御苑など国の直接管理のもとに広く国民に開放されている**国民公園**がある。

全国の国立公園

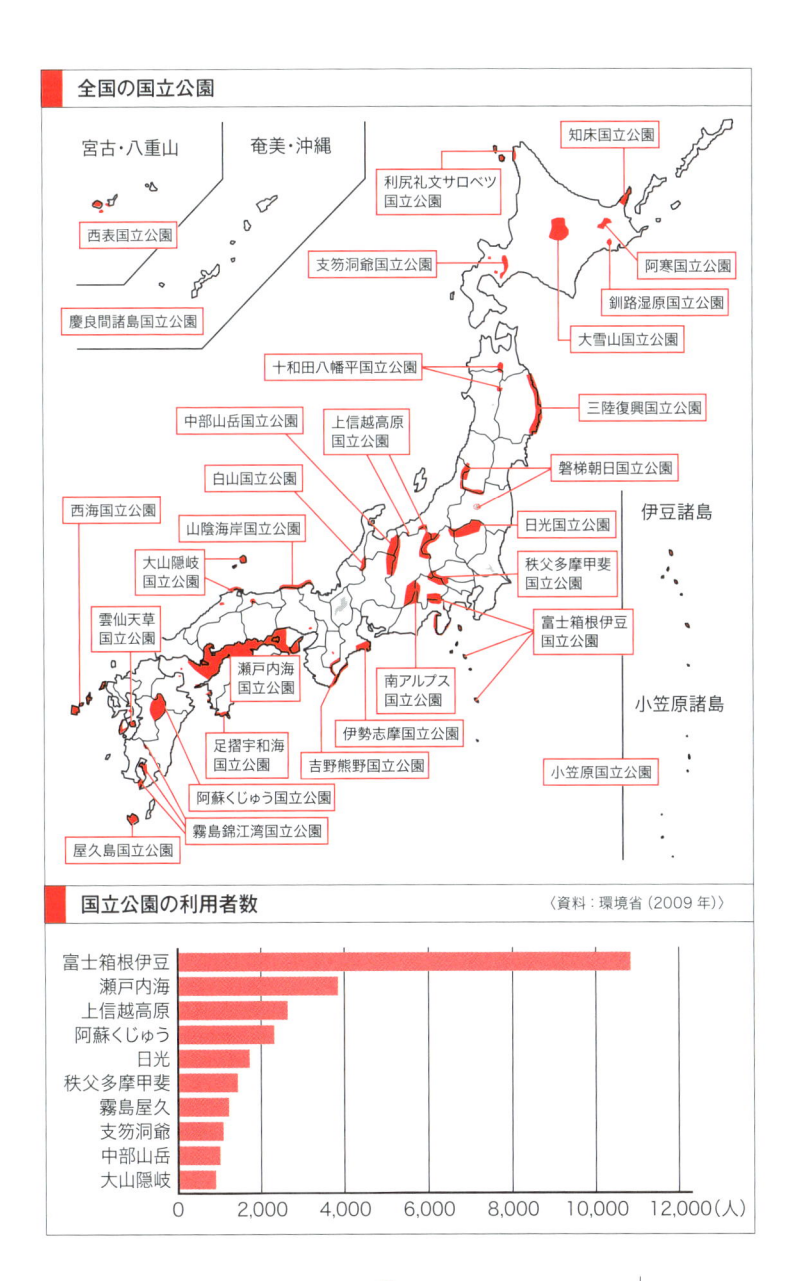

宮古・八重山
奄美・沖縄

- 知床国立公園
- 利尻礼文サロベツ国立公園
- 西表国立公園
- 支笏洞爺国立公園
- 阿寒国立公園
- 釧路湿原国立公園
- 慶良間諸島国立公園
- 大雪山国立公園
- 十和田八幡平国立公園
- 三陸復興国立公園
- 中部山岳国立公園
- 上信越高原国立公園
- 白山国立公園
- 磐梯朝日国立公園
- 伊豆諸島
- 西海国立公園
- 山陰海岸国立公園
- 日光国立公園
- 大山隠岐国立公園
- 秩父多摩甲斐国立公園
- 雲仙天草国立公園
- 富士箱根伊豆国立公園
- 瀬戸内海国立公園
- 南アルプス国立公園
- 小笠原諸島
- 足摺宇和海国立公園
- 伊勢志摩国立公園
- 吉野熊野国立公園
- 小笠原国立公園
- 阿蘇くじゅう国立公園
- 霧島錦江湾国立公園
- 屋久島国立公園

国立公園の利用者数

〈資料：環境省（2009年）〉

国立公園	利用者数（人）
富士箱根伊豆	約11,000
瀬戸内海	約4,000
上信越高原	約2,500
阿蘇くじゅう	約2,300
日光	約1,800
秩父多摩甲斐	約1,500
霧島屋久	約1,300
支笏洞爺	約1,200
中部山岳	約1,100
大山隠岐	約800

第1章　違いが気になる疑問

20 森と林の違い

森は林より木が多いというのは漢字を見たまま。ホントの違いは？

　森と林，誰もが知っている言葉だが，その違いとなるとほとんどの人は説明できないのではないだろうか。それぞれの語源を調べると，「森（もり）」は盛りが語源で山と同義で天然のもの，「林（はやし）」は生やしが語源，木を生やす意味で人が育てたものという由来がある。つまり，その違いは語源では天然と人工となるのだが，実際には誰もそのよう意味で森と林を使い分けてはおらず，広辞苑や大辞林などの辞書にもそんな区別は記載されていない。辞書では，森も林も「樹木がたくさん茂っているところ」と同じような説明だ。そもそも林が人工なら天然林や原生林という言葉は矛盾する。実際には，松林や雑木林とか「ふるさとの森」など慣習やイメージで使い分けられており，法律や役所などは森でも林でもなく，すべて森林という用語を使っている。

　ちなみに，日本の国土の68.2％は森林であり，これは先進国の中ではフィンランド・デンマークについで第3位，日本は世界有数の森林国である。また，日本の森林のうち，約5割が**天然林**でほとんどは広葉樹だが，約4割の**人工林**はスギやヒノキなど成長が早く建築材として利用できる針葉樹林がほとんどだ。しかし，かつては90％を上回っていた日本の木材自給率は今や20％弱，食糧自給率40％の半分以下だ。日本の林業も先が見えない。

おもな国の森林率と国民1人あたりの森林面積

国民1人あたりの森林面積	国	森林率
4.3ha	フィンランド	73.1%
0.2ha	日本	68.2%
0.1ha	韓国	63.5%
2.7ha	ブラジル	57.2%
1.0ha	アメリカ	33.1%
0.3ha	フランス	28.3%
8.1ha	オーストラリア	21.3%
0.1ha	イギリス	11.1%
5.5ha	モンゴル	8.2%

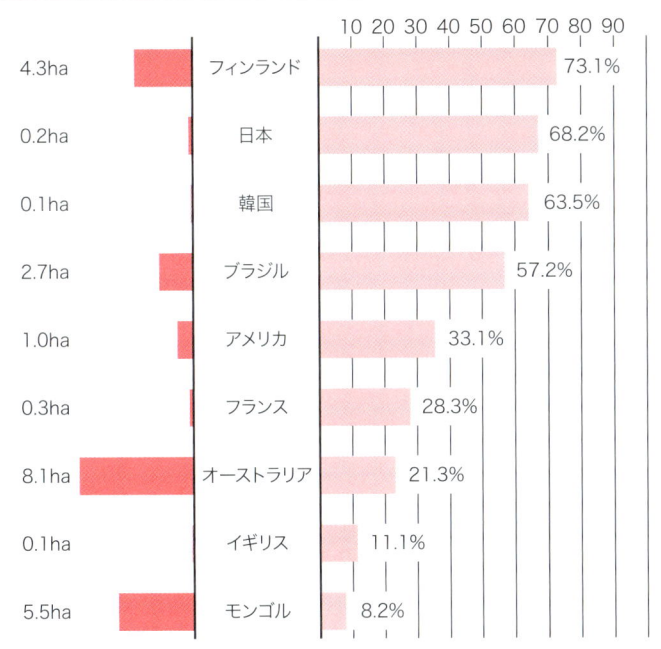

日本は，国土に占める森林面積の割合は極めて高いが，国民1人あたりに換算すると，わずか0.2haにすぎず，これは砂漠と草原の国モンゴルの27分の1ほどしかない。　〈資料：FAO2005〉

日本の森林の割合

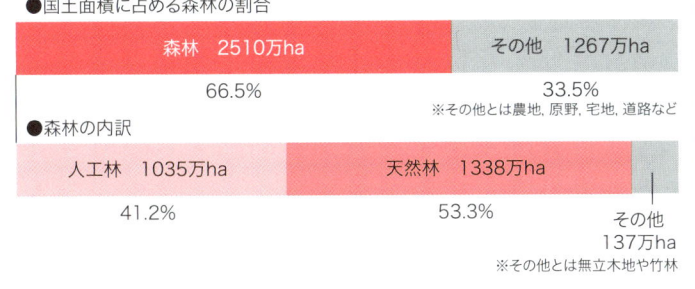

●国土面積に占める森林の割合

森林　2510万ha	その他　1267万ha
66.5%	33.5%

※その他とは農地，原野，宅地，道路など

●森林の内訳

人工林　1035万ha	天然林　1338万ha	その他 137万ha
41.2%	53.3%	

※その他とは無立木地や竹林

21 東北と北東の違い

「東西南北」という四字熟語はあるが,「南北東西」とはいわない。

東北と北東,西南と南西,何が違うのだろうか？ 気にならないようで気になる違いだが,その違いの根拠は明解だ。簡潔にいうと,東西を優先するのは日本の文化,南北を優先するのは欧米の文化であり,国際基準ということになる。

日本という国号や国旗の日の丸が示すように,日本人は古来より太陽への思い入れが非常に強い。そのため,日の出や日の入りの方位すなわち東西の方位を重視し,東北地方や東南アジア,西南戦争,さらに早稲田大学の校歌が「都の西北〜♪」とあるように,日本では東西を先にして言い表してきた。

しかし,テレビの天気予報を聞いていると,「南西の風」とか「台風は進路を北東へ向け…」など南北を先にした表現が使われている。これは明治以降,気象科学の分野では欧米の影響を大きく受けてきたためだ。日本に輸入された気象観測の機器や文献はすべて英語,技師もイギリス人,「north-west」の表記はそのまま「北西」と直訳され,日本でも方位を表す場合は南北を先にして表現されるようになった。

さらに,気象情報は国際間で共有し管理する必要から,方位に関する用語は南北を優先する欧米のスタイルが国際基準となり,現在ではこの表現方法が国際社会で定着している。

第2章

語源・由来が
気になる疑問

1 日本の正しい読み方は「ニホン」それとも「ニッポン」?

日本の国道の起点は東京の日本橋（にほんばし），西の大阪には電気の街として知られる日本橋（にっぽんばし）がある。

♪「日本」の起源は？

　歴史の教科書では，飛鳥時代以前の日本は「**倭**（わ）」や「**大和国家**（やまと）」として登場する。わが国が「日本」という呼称を使うようになったのは，律令政治が整いはじめた7世紀頃と考えられているが，その起源や由来については，いまだ不明な点が多く，明確な結論は出ていない。

　「日本」という言葉が，教科書のなかで最初に登場するのは720（養老4）年の『**日本書紀**』である。ただ，私たちはこれを「にほんしょき」と読むが，本来は「やまとぶみ」が正しい。同時代の『古事記』には，ヤマタノオロチを退治する日本武尊が登場するが，この場合の読み方も「やまとたけるのみこと」である。当時，「日本」はニホンともニッポンとも発音されず，「やまと」や「ひのもと」と訓読みされていた。漢字で書く「日本」の由来として「やまと」の枕詞（まくらことば）だったとする説が興味深い。「飛ぶ鳥の明日香（あすか）」から枕詞の飛鳥を「あすか」と読むようになったように，「日の本のやまと」から転化したという説である。

　平安時代に入ると，「日本」を音読みで発音するようになる。ただ，「日」という漢字の音は「にち」であり，「に」という読み方はなく，当時の発音は「**ニッポン**」であったと思われる。言

日本を「ニホン」「ニッポン」と発音する比率

―現代人は「日本」をどう発音するか？―

	「ニホン」と発音	「ニッポン」と発音
日本	69%	31%
日本人	90%	10%
日本語	97%	3%
日本代表	45%	55%
日本一	51%	49%
日本大使館	88%	12%
日本列島	60%	40%
日本航空	100%	
日本銀行	79%	21%
日本晴れ	94%	6%

〈資料：テレビ朝日HP「日本語研究室」〉

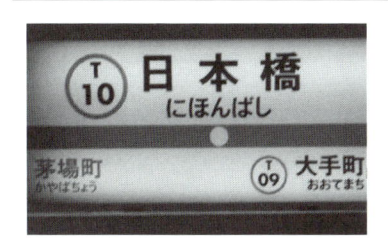

「日本橋（にほんばし）」駅（東京）

「日本橋（にっぽんばし）」駅（大阪）

語学者の研究によれば,「はひふへほ」は古代には PA PI PU PE PO に近い発音だったそうだ。その P 音が次第に F 音,そして H 音に変化し,それにつれてニッポン→ニフォン→「ニホン」と発音が変化していったと考えられる。室町時代以降は「ニホン」と「ニッポン」の両方の呼称が使われるようになった。

現代人は「日本」をどのように発音する?

――「日本」の読み方は「ニホン」と「ニッポン」。ホントはどちらが正しいのでしょうか?――

新聞社や放送局,教科書会社には,このような問い合わせがけっこう多いそうだ。現代人は,日本をどのように呼んでいるのだろうか。2006(平成 18)年,ある放送局が 20 ～ 80 歳代の男女を対象に,「日本」を含む言葉をどのように発音するのかという調査を実施した。この結果から,現代の人々は「ニッポン」よりソフトなイメージの「ニホン」を好んで使っていることがわかった。この傾向は中高年の人よりも若い人にとくに顕著だという。

ただ,日本航空を 100％の人が「ニホンコウクウ」と答えたが,正式社名は「ニッポンコウクウ」だ。会社四季報にもそのように記載されている。「ニッポンコウクウ」と答えた人がいなかったのは,テレビニュースなどでアナウンサーが「ニホンコウクウ」と発音しているからだろう。これは,日本航空側が報道機関に以前からそのように依頼しているためだそうだが,残念ながらその理由は不明とのことだ。

日本銀行も「ニッポンギンコウ」が正しい。1 万円札のウラにも「NIPPON GINKO」の文字がある。しかし,日本銀行に電話

■「ニホン」と「ニッポン」の読み方の事例

「ニホン」と発音する語

日本画	日本海	日本海溝
日本海流	日本髪	日本酒
日本脳炎	日本風	日本間
日本料理	日本橋（東京）	日本大学
日本棋院	日本経済新聞	日本共産党
日本教職員組合	日本自動車工業会	日本医師会
日本育英会	日本山岳会	日本テレビ
日本相撲協会	日本生命	日本レコード大賞
全日本実業団駅伝	JR 東日本	NEXCO 中日本

など

「ニッポン」と発音する語

大日本帝国	日本橋（大阪）	日本維新の会
日本体育大学	日本放送協会	日本記者クラブ
日本遺族会	日本中央競馬会	日本ダービー
全日本空輸	新日本製鐵	近畿日本鉄道

など

「ニッポン」と発音するが,「ニホン」の発音も許容する語

日本銀行　　日本オリンピック委員会　　日本赤十字社

など

「ニホン」「ニッポン」のどちらの発音でもよい語

日本一	日本記録	日本語	日本三景
日本時間	日本製	日本男子	日本刀
日本晴れ			

など

〈資料：『NHK 放送ことばハンドブック』, HP「日本の読み方」〉

をするとオペレーターは「ニホンギンコウです」と応答するという。日銀のホームページには,「ニッポンギンコウ」と呼ぶようにしているが,日本の国名の問題に似て,二者択一的に決めるのは難しいというような主旨の記載がある。

　政府の見解はどのようになっているのだろうか。戦前の国威発揚が叫ばれた1934（昭和9）年,力強さのイメージがあるという理由から文部省臨時国語調査会が「ニッポン」を統一呼称とするよう決議した。ただ,このときは法制化には至っていない。札幌オリンピックを控えた1970（昭和45）年にも,閣議で「ニッポン」に国号を統一することが話題になったが,このときもそれ以上の進展はなかった。2009（平成21）年には,国会で民主党のある議員が,「日本」の読み方を「ニホン」か「ニッポン」に統一する意向はあるのかと政府に質問書を提出した。当時の麻生内閣は「いずれも広く通用しており,どちらか一方に統一する必要はない」という答弁をしている。

　オリンピックや震災復興支援などは,「がんばれニッポン」というように力強い語感の「ニッポン」がよいが,谷村新司の名曲『いい日旅立ち』の歌詞「あ〜あ〜ニホンのどこかで〜」のフレーズが「ニッポン」では様にならないというようなつぶやきを,以前,どなたかのブログで読ませていただいたことがある。まさに同感だ。日本人は2つの呼称を1000年以上もそれぞれに思いを込めて使い続けてきたのだから…

> **ワンポイント知識**
>
> ## 日本は外国からどう呼ばれている？
>
> 13世紀に，イタリアの商人マルコ・ポーロがその著書『東方見聞録』の中で日本を Zipangu（ジパング）と紹介したことは知られている。このジパングの語源は何だろうか。現在の中国では，日本を「リーベン」と発音するが，マルコポーロが訪れた元朝の頃は「ジッパン」と発音していたらしい。「日」の音読みには「ニチ」と「ジツ」があるが，中国北部の発音は「ジツ」である。Zipangu の「Zi」が「日」，「pan」が「本」，「gu」が「国」に相当する。ジパングは，「日本国」の当時の中国語読みが由来なのだ。ただ，Ping-Pong（ピンポン）のように，ヨーロッパでは末尾の「G」をはっきり発音しない。やがて，ジパングの「G」が消滅し，英語の Japan（ジャパン）やスペイン語の Japon（ハポン）に変化していったと考えられる。
>
> **おもな言語における日本の呼称**
>
> | 中国語 | 日本 | （リーベン） |
> |---|---|---|
> | モンゴル語 | Япон | （ヤポン） |
> | 韓国語 | 일본 | （イルボン） |
> | インドネシア語 | Jepang | （ジュパング） |
> | タイ語 | ญี่ปุ่น | （イープン） |
> | ベトナム語 | Nhat Ban | （ニャパン） |
> | ヒンディー語 | जापान | （ジャーパーン） |
> | ロシア語 | Япония | （ヤポーニャ） |
> | フランス語 | Japon | （ジャポン） |
> | イタリア語 | Giappone | （ジャッポーネ） |
> | ドイツ語 | Japan | （ヤーパン） |
> | トルコ語 | Japonya | （ジャポンヤ） |
> | スワヒリ語 | Japani | （ジャパニ） |
> | アラビア語 | اليابان | （アル ヤーパーン） |

2 関東と関西を分ける「関」ってナニ？

日本の文化や経済を二分する関東と関西，
何かとよく耳にする言葉だが，その語源は何だろう？

文字通り**関東**とは「関」より東，**関西**とは「関」より西の地方という意味だ。約1300年前，天武天皇の時代まで遡るが，大和政権は東国の敵から都を守るために，越前（福井）に**愛発の関**，美濃（岐阜）に**不破の関**，伊勢（三重）に**鈴鹿の関**を設置した。関東・関西の語源となり境界となった「関」とは，当時は**三関**と呼ばれた本来この3か所の関所のことである。

しかし，関西や関東という呼称はその後一般にはあまり定着していない。京都や大阪を中心とする地域は，長く都が置かれていたため，そこに住む人々の意識は日本の西ではなく中央であり，天皇が住むところという意味の**上方**という呼称が広まった。

現在の関東地方は，平安時代には**坂東**と呼ばれるようになった。坂東とは「坂」の東，この場合の坂は峠の意味で，**碓氷の坂**（長野―群馬県境），**足柄の坂**（静岡―神奈川県境）を指している。どちらの峠も交通の要衝であり，すでに平安時代には関所が置かれていた。「関東管領」や「関東公方」などの言葉に見られるように，**関東**という呼称は室町時代以降に再び登場する。江戸時代には今の関東7都県にあたる相模・武蔵・安房・上総・下総・上野・下野・常陸の8か国を総称して「**関八州**」と呼ぶようになった。

関東・関西という地域名を現在のように対比させて使うようになったのは明治以降のことだ。首都が東京に移ると上方に代わっ

て関西という呼称が一般的に使われるようになった。そして，名実ともに東京が日本の政治・文化の中心となった現代，かつて京都や大阪の人がそうであったように，今度は東京に住む人たちの中に，「東京は首都，日本の中央なんだ。関東というのは，千葉県や群馬県など東京周辺地域のことじゃないの」みたいな意識を持つ人が増えてきたように思う。大阪や京都の人は自分たちを関西人というが，東京の人が自分たちを関東人と言ったりしないのも彼らのこのような意識のせいではないかと感じるのは，関西人である筆者のひがみだろうか。

関東・関西の境界

- 愛発の関
- 碓井の坂
- 関東（坂東）
- 不破の関
- 足柄の坂
- 鈴鹿の関
- 関西

3 日本の8地方区分 いつ誰が決めた?

北海道って誰が名づけたの? 近畿ってどういう意味?
中国地方ってお隣の中国(China)と関係あるの?

　日本をいくつかの地域に分ける場合，まず思いつくのは学校の地理の授業でおなじみの8地方区分と呼ばれる分け方だ。1904(明治38)年の国定教科書『小学地理』で初めて採用され，以後，日本の地方区分の基本となっている。しかし，法的な根拠はなく，各省庁は支局を設置する際，実情に応じて独自の地域区分を行っており，高校野球の地区大会の区分けや，衆議院総選挙の比例ブロックなども，8地方区分とは一致しない。

　8地方の名称の由来を説明する。

■ **北海道地方**…北海道

　幕末から明治初期に北海道を探査した松浦武四郎が，異民族が住む土地を意味する蝦夷地に代わる名称として，日高見道・北加伊道・海北道・海島道・東北道・千島道の6案を上申し，1869(明治2)年，新政府は北加伊道の「加伊」を「海」に変え，それまでにあった東海道や西海道にならって「北海道」と命名した。北海道の「カイ」には先住民族アイヌの言葉で「国」という意味がある。

■ **東北地方**…青森・岩手・秋田・宮城・山形・福島(6県)

　本州の東北部という意味，最初は奥羽地方と呼ばれたが，昭和に入ってから東北地方の呼称が定着する。

■ **関東地方**…東京・茨城・栃木・群馬・埼玉・千葉・神奈川(1都6県)

坂東や関八州などとともに古くからのこの地方の呼び名の一つである。（p.72 参照）

■ **中部地方**…新潟・富山・石川・福井・山梨・長野・岐阜・静岡・愛知（9県）

「関東及び奥羽と近畿の中間の地方は，別に適当なる名称なきゆえにしばらく本州中部地方の名を用いたり」という当時の記録が残っている。近畿地方や関東地方などが設定され，両地方に挟まれて残った地域を，とりあえず一括りにして中部地方と呼ぶことにしたという何ともいい加減な話だ。日本海側の北陸地方，内

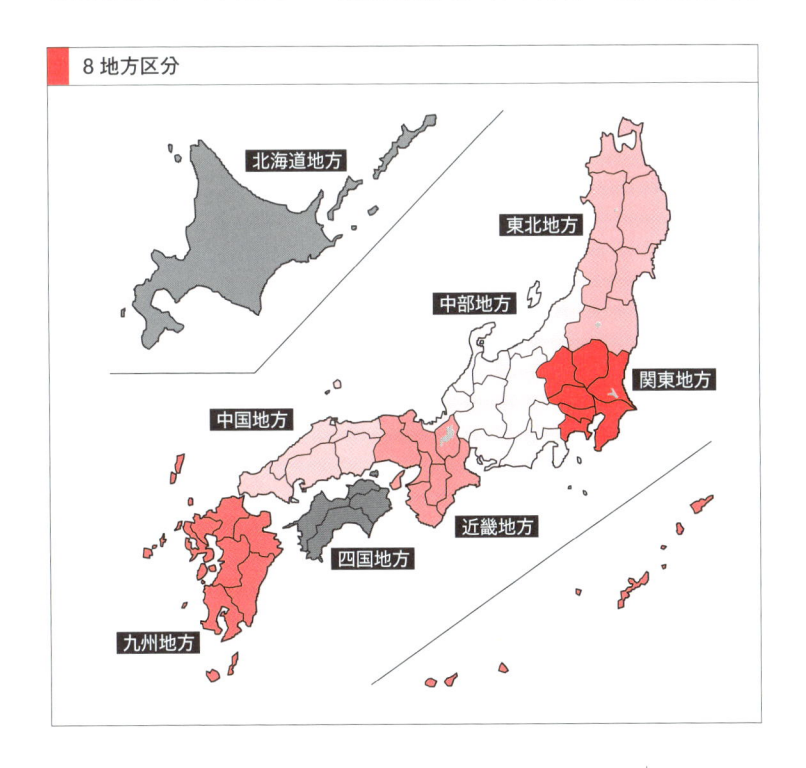

8 地方区分

北海道地方
東北地方
中部地方
関東地方
中国地方
近畿地方
四国地方
九州地方

陸の甲信地方，太平洋岸の東海地方はそれぞれの歴史や文化を持っており，こんな適当な理由で一つにくっつけられては，中部地方に行政・経済・文化などの面で他の地方のような一体性が見られないわけだ。

■ **近畿地方**…京都・大阪・滋賀・三重・奈良・和歌山・兵庫（2府5県）

畿内（大和・山城・摂津・河内・和泉）とそれに近接する地方の意味。関西地方とほぼ同じ範囲を指す。

■ **中国地方**…鳥取・島根・岡山・広島・山口（5県）

都からの距離に応じて畿内・近国・中国・遠国(おんごく)と呼んだ古代の区分に由来する。当時は，現在の中国地方だけではなく，東は美濃（岐阜県）から伊豆（静岡県）まで，北は越前（福井県）から越中（富山県）まで，西も四国東部が中国に分類されていたが，鎌倉幕府が長門探題（中国）探題をおいた頃から，現在の中国地方に対する呼称として定着する。なお戦前，中国（China）を支那(しな)と呼んだのは中国地方と区別するためだったともいわれる。

■ **四国地方**…香川・徳島・愛媛・高知（4県）

讃岐(さぬき)・阿波(あわ)・伊予(いよ)・土佐(とさ)の4か国があったから。もっともわかりやすいネーミングだ。

■ **九州地方**…福岡・佐賀・長崎・大分・熊本・宮崎・鹿児島・沖縄（8県）

豊前(ぶぜん)・豊後(ぶんご)・筑前(ちくぜん)・筑後(ちくご)・肥前(ひぜん)・肥後(ひご)・日向(ひゅうが)・大隅(おおすみ)・薩摩(さつま)9か国があったから。筑州や薩州など「州」は国の意味を持つ。ただ，本来の九州は，地方名ではなく九州本島のことで，対馬や奄美諸島，沖縄など島嶼部は含まれない。

その他の地域区分例

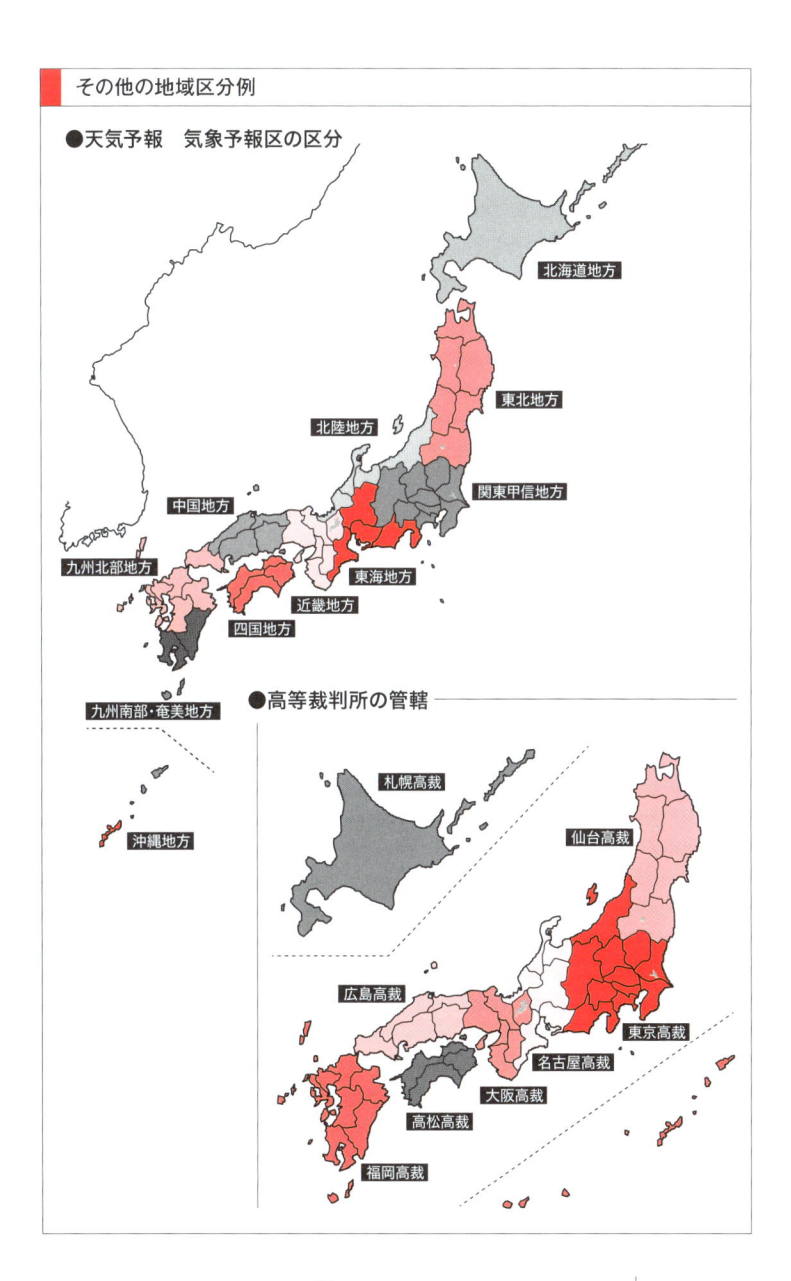

●天気予報　気象予報区の区分

北海道地方
東北地方
北陸地方
関東甲信地方
中国地方
東海地方
九州北部地方
近畿地方
四国地方
九州南部・奄美地方
沖縄地方

●高等裁判所の管轄

札幌高裁
仙台高裁
広島高裁
東京高裁
名古屋高裁
大阪高裁
高松高裁
福岡高裁

第 ❷ 章　語源・由来が気になる疑問

4 47都道府県名 それぞれの由来

「山があっても山なし県」と覚えたけれど、
ホントの意味はナニ？

　自分が生まれ育った場所，旅行で初めて訪れた場所，日本はどこへ行っても必ずその場所には地名がある。そして，どの地名も先人たちが何らかの理由，意味を込めてそう呼ぶようになったものばかりだ。もっとも身近な地名ということで，47都道府県の由来を紹介するが，起源が古いために由来が不確かなものも多い。ここで紹介した以外にも諸説があることをご承知いただきたい。

〈　〉内はその地名が成立した時代

北海道〈明治〉	松浦武四郎が，アイヌ語で自分たちの国を意味する「カイ」に基づき提案した「北加伊道」を政府が「北海道」に修正(p.74参照)
青森〈江戸〉	松が青々と生い茂った丘が青森山と呼ばれ，その麓に弘前藩が青森湊を開く。突き出た小さな丘を意味するアイヌ語説もある。
岩手〈平安〉	岩手山のある岩手郡が由来。岩手山は何度も噴火を繰り返し，溶岩や泥流を流し続け，「イワデ山（岩が出る山）」と呼ばれた。
宮城〈平安〉	蝦夷鎮圧のための鎮守府が置かれた多賀城を宮なる城（朝廷の城），朝廷の直轄領を意味する屯倉（ミヤケ）から転化の2説あり。
秋田〈奈良〉	雄物川河口の低湿地「悪田（アクタ）」，開墾地「開き田（アキタ）」，アイヌ語で葦が茂るところ「アキタイ」など諸説がある。
山形〈平安〉	蔵王山周辺の山よりの土地を指す「山方（ヤマガタ）」が由来，室町時代に山形の表記。
福島〈戦国〉	杉妻（スギノメ）という地名だったが，新領主の木村吉清が佳字の「福」を使った福島と改称する。島は盆地の中の丘の意味。
茨城〈奈良〉	朝廷に従わない先住民と戦うため，朝廷の命を受けた黒坂命（クロサカノミコト）が茨を用いて城を築いた。

栃木〈不明〉	トチの木が多かったから、栃木市内の神明宮の屋根の「十千木(トオチギ)」が由来など諸説あり。「栃」は明治に作られた国字。
群馬〈飛鳥〉	古代の豪族「車持君(クルマモチノキミ)」が住んでいたので「クルマ(車、奈良時代に群馬)、明治の廃藩置県で「ぐんま」の読み。
埼玉〈奈良〉	前玉比売命(サキタマヒメノミコト)を祀った前玉(サキタマ)神社があったので埼玉(サキタマ)、サキタマは幸福の魂の意味。
千葉〈奈良〉	古事記の「千葉の葛野(クズノ)を見れば…」の歌が由来という説が有力。千葉とは葛の枕詞で、多くの葉が茂るという意味。
東京〈明治〉	西の京(京都)に対する東の都の意味。明治維新の際に天皇の詔勅により江戸から改称。当時は「とうけい」だった。
神奈川〈鎌倉〉	地下水が湧き出した川で、上流がないので上無(カミナシ)川、鉄分を含んでいたので金川などの説があるが不明。
新潟〈室町〉	信濃川・阿賀野川の河口の中州に形成された新しい内湾(潟)が由来という説が有力。戦国時代に新潟津と呼ばれ、発展する。
富山〈室町〉	今も市内にある古刹の富山(フセン)寺に由来。この地は外山(トヤマ)郷と呼ばれていたが、佳字の「富」を使った富山に改称。
石川〈平安〉	県内最大の川である手取川の河原は石が多く、石川と呼ばれていた。平安初期に加賀国が設置され、石川郡が成立する。
福井〈江戸〉	元は「北庄」だが北が敗北に通じると、領主となった松平忠昌が、佳字を使った「福居」に改称し、のちに「福井」となる。
山梨〈奈良〉	古代に国府が置かれた地にあった山梨岡神社に由来する説が有力。梨の木が多く、「山梨の岡の山梨の花」という古歌がある。
長野〈不明〉	文字通り長い野原の意味。扇状地である善光寺平あたりを指した。
静岡〈明治〉	それまでの駿府を賤機山(シズハタヤマ)にちなんで、賤ヶ丘と改称するが、「賤」は賤(いや)しいに通じると嫌って「静岡」に。

岐阜〈戦国〉	織田信長が，周の文王が天下掌握の拠点とした「岐山」と孔子ゆかりの魯の都「曲阜」から1文字ずつ取り，「岐阜」と命名。
愛知〈飛鳥〉	語源は不明だが，古代には名古屋市あたりの海岸は「あゆち潟」と呼ばれていた。奈良時代に佳字「愛知」を当てるようになった。
三重〈飛鳥〉	日本武尊が東征で足が三重に折れ曲がるほど疲れたという伝承があるが，水辺の土地を意味する「ミヘ」の当て字だろう。
滋賀〈飛鳥〉	古代には琵琶湖沿岸に低湿地が広がっていた。州のあるところを意味する古語「スカ」が由来と思われる。
京都〈平安〉	「京」は国の中心地，「都」は人の集まる大きな都市が本来の意味。単に「京」と呼ばれることが多かったが，平安京の略。
大阪〈戦国〉	石山本願寺があった「小坂」に築城した秀吉が「大坂」と改称，明治に「坂」は土に返るので縁起が悪いと「阪」に変える。
兵庫〈奈良〉	摂津の入り口の須磨の関の防衛のために設置された武器庫を兵庫（ツワモノグラ）と呼び，この地方の地名になった。
奈良〈飛鳥〉	なだらかで平らな土地を意味する「ならす」が語源，奈良盆地は緩やかな傾斜を持つ平地だった。
和歌山〈戦国〉	秀吉が築城する際に，万葉集にも謳われた近くの景勝地和歌浦（ワカノウラ）にちなんで和歌山と命名したといわれている。
岡山〈戦国〉	旭川の西岸にあった岡山という小高い丘に宇喜多秀家が築城し，この地が岡山と呼ばれるようになった。
鳥取〈奈良〉	日本書紀にある白鳥を捕らえた鳥取造（トトリノミヤツコ）の伝承にちなんで，この地が鳥取郷と呼ばれるようになった。
広島〈戦国〉	毛利輝元がこの地に築城した際に，毛利家の祖の大江広元の「広」とこの地の豪族福島氏の「島」を合成し，「広島」とした。
島根〈奈良〉	島の根っこという意味。島とはかつては島だった島根半島のこと。現在の松江市一帯が島根郡だった。

山口〈鎌倉〉	文字通り，山の入り口の意味。現在の東鳳翩山（ヒガシホウベンザン）にあった鉱山の入口にあたる。
徳島〈戦国〉	領主となった蜂須賀家政が，吉野川河口の中州に城を築き，その地を，佳字の「徳」を使って徳島と命名した。
香川〈奈良〉	よく水枯れしたので枯れ川，平らな土地（カガ）を流れる川，山奥に樺の古木があり，川に香を漂わせていたなど諸説がある。
愛媛〈明治〉	古事記に「伊予の国は愛比売（エヒメ）といい」という記述があり，神話の女神にちなんで県名を愛媛とした。
高知〈江戸〉	土佐国主となった山内一豊は，新しく城を築き，河内山城と名づけるが，のちに高智，さらに高知と改称する。
福岡〈戦国〉	領主になった黒田長政が，博多の対岸に城を築き，黒田家のルーツである備前国福岡（現岡山県長船町福岡）にちなんで命名。
佐賀〈奈良〉	日本武尊が名づけた「栄（サカ）の国」，滋賀と同じ「スカ」，満潮時に潮が逆流したので「逆（サカ）」など諸説あるが不明。
長崎〈鎌倉〉	付近はリアス海岸で，長く突きだした岬の意味。長崎半島を指す。
熊本〈室町〉	川や道が曲がりくねったところを意味する曲処（クマモト）が語源という説が有力だが不明。加藤清正が「熊本」の文字を当てる。
大分〈奈良〉	日本書紀には，大きく美しい田があり，「碩田（オホキタ）」と命名とあるが，真偽は不明。
宮崎〈奈良〉	「宮」は宮崎神宮あるいは江田神社のこと，「崎」は前（さき）のことで，神社の前に広がる土地のこと。
鹿児島〈平安〉	鹿児島は桜島の古称で，崖（カコ）で囲まれていたので「カゴ島」，火山の臭気から「嗅ぐ島」，鹿が多くいたなど諸説あるが不明。
沖縄〈奈良〉	沖合の漁場を意味する「沖魚場（オキナバ）」，または大きい漁場で「大魚場（オオキナバ）」が語源とする説が有力。

第2章　語源・由来が気になる疑問

5 フォッサマグナって何語？名づけたのは誰？

明治初期，フォッサマグナ（糸魚川—静岡構造線）を発見したのは，弱冠20歳で来日したドイツ人の若者だった。

フォッサマグナとナウマン

　フォッサマグナは本州中央部を横断する大陥没帯で，日本列島を東北日本と西南日本に分けている。フォッサマグナとはラテン語で，フォッサ（FOSSA）は「**溝**」，マグナ（MAGNA）は「**大きい**」を意味する。命名したのは，ナウマン象にその名を残すドイツの地質学者**ハインリッヒ・エドムント・ナウマン**である。

　ナウマンは明治政府の招きで，1875（明治8）年に20歳で来日し，全国の地形や地質を約10年にわたって踏査し，大きな業績を残した。彼が歩いた距離は1万kmにも及び，フォッサマグナと名づけた大断層を発見したのも，この全国踏査の際，八ヶ岳東麓の長野・山梨の県境付近の平沢峠から眼下の広い平地を隔てて壁のようにそそり立つ南アルプスを遠望したときである。

　そのときの彼の興奮は，平沢峠の展望台の碑に刻まれたナウマンの紀行文から知ることができる。

　「朝になって驚いたことに，あたりの景色は前日とは一変していた。私は幅広い低地に面する縁に立っていた。対岸には，3,000mあるいはそれ以上の巨大な山々が重畳してそびえ立っていた。その急な斜面は鋭くはっきりした直線をなして低地に落ち込んでいた。そのとき私は自分が著しく奇妙な地形を眼前にしていることを十分に意識していた」

フォッサマグナの構造図

糸魚川市

フォッサマグナ

中央構造線

静岡市 柏崎千葉構造線

糸魚川静岡構造線

フォッサマグナの西縁

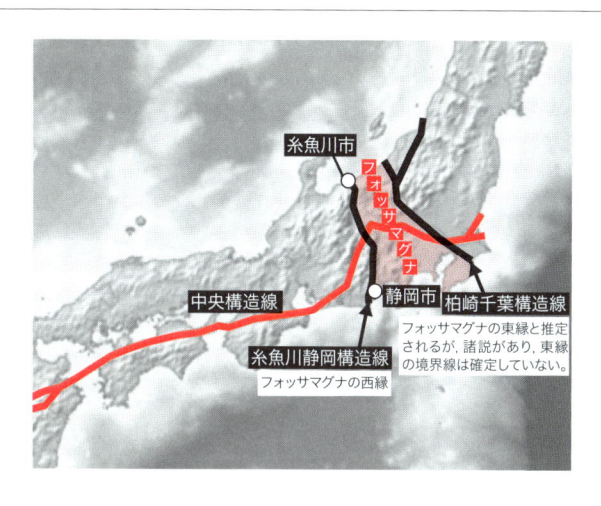

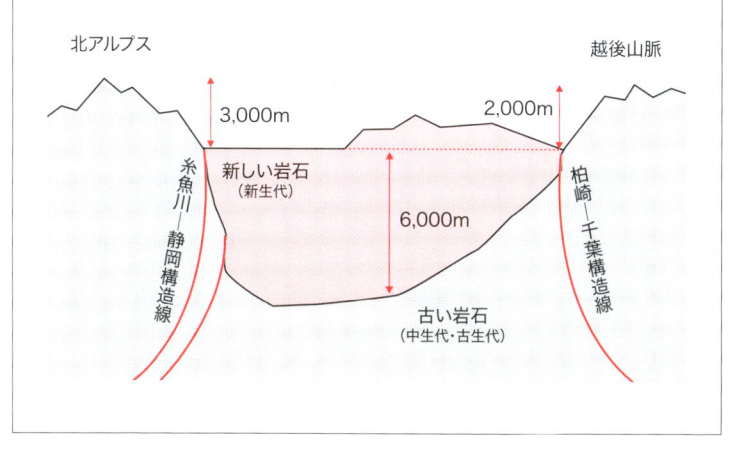

フォッサマグナの東縁と推定されるが, 諸説があり, 東縁の境界線は確定していない。

北アルプス　　　　　　　　　　　　　　　越後山脈

3,000m　　　　2,000m

糸魚川―静岡構造線

新しい岩石
(新生代)

6,000m

柏崎―千葉構造線

古い岩石
(中生代・古生代)

第 **2** 章　語源・由来が気になる疑問　　83

彼は，調査を進め，フォッサマグナが弧状をした本州の中央部を横断する裂け目であり，この裂け目で日本列島が東西に二分されていることを指摘し，さらにその裂け目には，北から妙高山，八ヶ岳，富士山，箱根，天城山など多くの火山が噴出していることを『日本列島の生成と起源について』という論文に発表した。

糸魚川－静岡構造線

　フォッサマグナの西縁が，新潟県糸魚川市から松本盆地・甲府盆地の西を通って静岡市付近へ達する南北140～150kmの**糸魚川―静岡構造線**と呼ばれる大断層線である。フォッサマグナと糸魚川－静岡構造線は混同されやすいが，前者は面，後者は線と捉えると理解しやすい。

　糸魚川―静岡構造線の西側には，日本海側から太平洋側まで続く日本アルプスと呼ばれる3,000m級の急峻な山脈が南北に連なっている。その北端は，日本アルプスが断崖となって日本海に落ち込んでおり，**親不知子不知**（おやしらずこしらず）と呼ばれる絶壁が迫る海岸が約15km続いている。古くから北陸道最大の交通の難所とされ，人々の交流を阻んできた。糸魚川－静岡構造線は，地質学上の東西の境界線であるばかりではなく，東日本と西日本の文化圏の日本海側の境界ともなっている。

　フォッサマグナの東縁は，柏崎（新潟県）と千葉県を結ぶ線に延びていると考えられているが，火山噴出物等に覆われ，明瞭な断層線が確認されておらず，ナウマンも特定できなかった。

フォッサマグナはどうしてできたか？

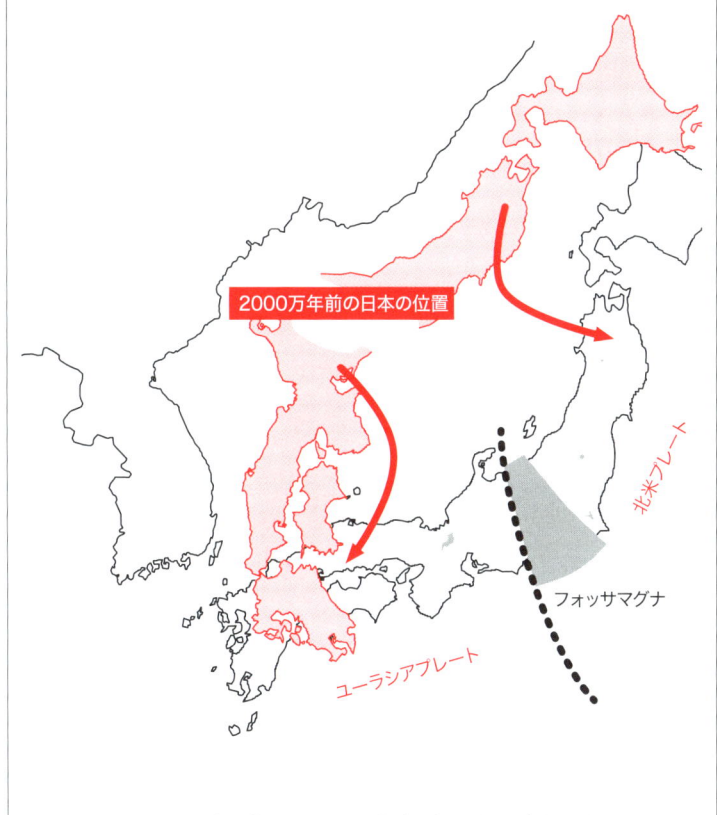

2000万年前の日本の位置

北米プレート

フォッサマグナ

ユーラシアプレート

　原始の日本列島はユーラシア大陸の縁に沿って南北に延びていたと思われるが，新生代の地殻変動によって，北米プレート上の東日本は反時計回り，ユーラシアプレート上の西日本が時計回りの動きをするようになり，その境界部分が裂かれた状態になったため，大陥没帯が生じた。その陥没帯では火山活動が活発になり，やがて新たな堆積物で埋め尽くされた。

6 黒潮と親潮 語源はナニ？

黒潮ってホントに黒いのだろうか？
親潮の「親」ってどういう意味？

　太平洋の北半球側には北と南に2つの大きな海流の循環が見られる。北側の海流は北緯45度線以北を反時計回りに流れ，**亜寒帯循環**と呼ばれる。このうち，千島列島沿いに日本の沖合まで南下する海流を**親潮（千島海流）**と呼ぶ。南側の海流は北緯45度線と赤道の間を時計回りに流れ，**亜熱帯循環**と呼ばれる。このうち，日本列島に沿って北上する海流を**黒潮（日本海流）**と呼ぶ。

　<u>**親潮**はプランクトンや栄養塩に富み，魚類や海藻類を養い育てる親にあたることがその名の由来</u>である。親潮の表層温度は冬は約1度，夏でも18度以下で，黒潮よりも10〜20度も低く，しばしば北海道や東北地方の太平洋岸に**冷害**をもたらす。

　<u>黒潮は，透明度が高く，深部まで見通すことができ，海が藍黒色に見えることがその名の由来</u>である。その幅は紀伊半島沖で約150km，厚さが約500m，流量は毎秒5,000tに達する世界最大規模の海流で，北大西洋海流とともに世界2大海流と呼ばれている。

　また，親潮の流速は時速1kmほどだが，黒潮は時速8kmとかなり速く，船舶の航行に与える影響が大きい。実際，東京-沖縄間のフェリーは，東京行きよりも流れに逆進する沖縄行きの所要時間が1時間長い。

　親潮が黒潮と会合する付近の海域は，カツオ・マグロ・サンマなどの回遊魚が群がり，世界有数の好漁場となっている。

北太平洋の海流循環

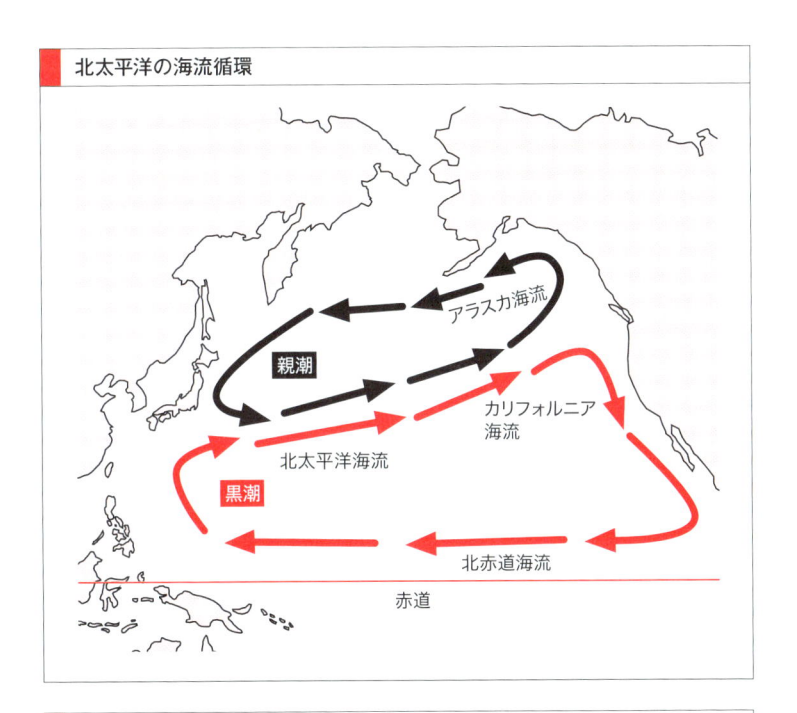

（図：アラスカ海流、親潮、黒潮、北太平洋海流、カリフォルニア海流、北赤道海流、赤道）

黒潮と親潮の比較

〈資料：理科年表，気象庁など〉

	黒潮（日本海流）	親潮（千島海流）
塩分濃度	33.7〜34.0‰	34.5〜35.0‰
水温（水深200〜500m） 水温（表層）夏 〃　　　　冬	12〜18度 30度 20度	4〜5度 15〜18度 1度
流速	8km/時（4.3ノット）	1km/時（0.5ノット）
流量	5,000トン/秒	1500トン/秒

7 太平洋の語源はナニ？

大西洋は「大」なのに，なぜ太平洋は「太」なのだろう？

🗾 太平洋の由来

地理のテストのとき，生徒が間違えやすい漢字の第1位はおそらく太平洋だろう。中学教師をしていた頃，事前にいくら注意を与えていても「大平洋」と書いてしまう生徒が後を絶たなかった。太平洋は大きく平らな海洋ではなく，太平な海洋が正しい。

太平洋の名は，スペインの探検家マゼランが，世界周航の際にこの海を横断したとき，天候に恵まれて平穏な航海が続いたため，ラテン語で静かな海を意味する「マレ・パスィフィコム（Mare Pacificum）」と命名したことが由来とされている。17世紀の初め，明の頃の中国で，ヨーロッパの世界地図を漢語訳した『坤輿萬國全圖』が刊行されたが，マレ・パスィフィコムは，そこで「寧海」と訳された。清代になると「太平海」に改められたが，寧も太平も「静か，穏やか」という意味である。この呼称が日本へも伝わって，明治に入って「太平洋」という呼称が定着したようだ。ちなみに，大西洋という漢字による呼称も『坤輿萬國全圖』で初めて用いられ，日本でもそのまま使われるようになった。

🗾 日本海の呼称問題

「世界地図の日本海（Sea of Japan）の名称はトンヘ（東海・East sea）に改称すべきである」，1992年の第6回国連地名標

準化会議で，韓国の代表団が突然このように主張し始めた。日本海は戦前の日本の植民地政策に基づく呼称で，公海に対して特定の国の名をつけるのはけしからん，不適切だという理由のようだ。トンヘ（東海）は朝鮮半島の東側の海という意味で，韓国の人々は古くからそう呼んでいる。

　しかし，日本海という名は日本人が自分たちで名づけたわけではない。太平洋もそうだが，そもそも日本人は自国の周囲の海に対していちいち特別な呼び方をしていない。日本海という名はすでに前述の『坤輿萬國全圖』の中でも見られる。さらに，19世紀初めに日本海を航行したロシア海軍のクルーゼンシュテルン提督が，航海後に作成した地図の中で**「Mer du Japon」**と記載すると，以後，ヨーロッパで発行された地図では**「Sea of Japan」****「Japan Sea」**の呼称が一般化した。日本海という呼称は，太平洋と同じように日本とは関係なく19世紀以降にヨーロッパで確立したものであり，その後200年にわたって国際社会で定着してきた地名だ。日本が日本海という名を使うようになったのは，ヨーロッパの国々よりもむしろ遅かったのだ。

　2000年から2002年にかけて日本政府は，海外の主要60か国で市販されている世界地図について日本海がどのように表記されているのか調査した。結果は全392枚のうち，97％にあたる381枚が，英語あるいは自国語で日本海のみを表記した地図であった。残る3％の11枚の地図は，日本海と表記し，（）内に東海を付記したものや日本海の表記の後に東海などを併記したもので，東海のみを表記した地図は1枚もなかった。

　しかし，それ以後も，韓国側は国際機関や世界の主要国に対し

て東海を認めるようアピールを続けており，2012年には東海を併記した世界地図は30％にまで増加している。

🎌 オホーツクは何語？

　北海道の北，**オホーツク**（Okhotsk）の名はツングース語で川を意味するオカタ（Okata）がオホタ（Okhota）に変化し，それにロシア語で町を意味する接尾語のスク（sk）が付いたものだ。本来はロシア人がこの海の沿岸に拓いた町の名だったのが，やがて海の名にも転用されるようになった。

🎌 東シナ海は差別語？

　九州の西に広がる**東シナ海**は，英語では「East China Sea」だが，韓国では朝鮮半島の南側の海だから南海(ナムヘ)と呼び，韓国から離れた台湾の近海まで含めた広域の海については東中国海と呼んでいる。中国は自国の東にあるので東海(トンハイ)と呼んでいるが，国際的には東中国海と呼ぶこともある。

　シナ（支那）という呼び名はかつて日本人が中国を侮蔑して呼んでいた差別語と受け止めている人が中国には多くおり，中国側もシナあるいは支那という呼称を使っていないため，東シナ海ではなく東中国海と呼ぶべきだという意見が日本国内にもある。しかし，シナという言葉はインドシナなどの地名にも含まれ，日本では学校で使う地図帳などでは東シナ海の表記が定着している。

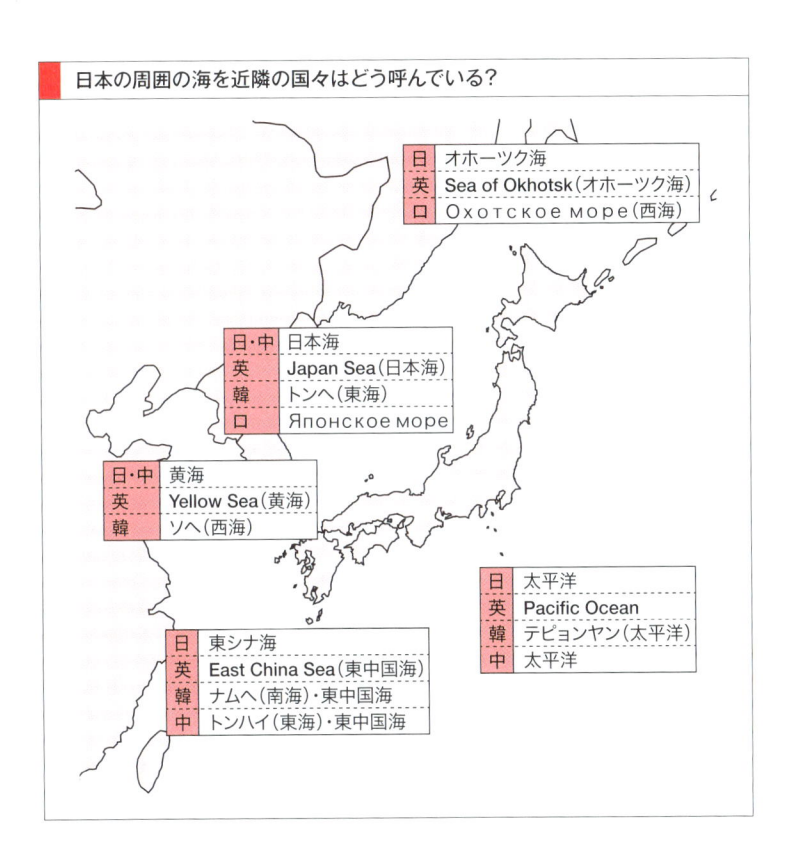

日本の周囲の海を近隣の国々はどう呼んでいる？

日	オホーツク海
英	Sea of Okhotsk（オホーツク海）
ロ	Охотское море（西海）

日・中	日本海
英	Japan Sea（日本海）
韓	トンヘ（東海）
ロ	Японское море

日・中	黄海
英	Yellow Sea（黄海）
韓	ソヘ（西海）

日	太平洋
英	Pacific Ocean
韓	テピョンヤン（太平洋）
中	太平洋

日	東シナ海
英	East China Sea（東中国海）
韓	ナムヘ（南海）・東中国海
中	トンハイ（東海）・東中国海

第2章　語源・由来が気になる疑問

8 リアス海岸の「リアス」ってナニ？

「えっリアス海岸？ リアス式海岸じゃないの」
というあなたは古い！

リアス海岸は、のこぎりの歯のように出入りの多い海岸線が特徴で、多くの湾や入り江が形成されており、天然の漁港として利用されることが多い。「リアス」の語源は、スペイン北西部のガリシア地方の海岸に多く見られる入り江を意味するスペイン語の**リア（ria）**に由来する。

なお、リアス海岸の成因について、山地が海に沈降したためと説明されることが多いが、これは必ずしも正確ではない。リアス海岸として、まず誰もが思い浮かべるのは東北の**三陸海岸**だろう。日本地図を眺めると三陸海岸付近の海岸線は太平洋側に大きく出っ張っており、とても沈降地形には見えない。実際、三陸海岸は沈降海岸ではなく、その逆に40万年前頃からゆっくり隆起し続けている。三陸海岸北部には隆起地形である海岸段丘も見られる。三陸海岸がリアス海岸になったのは、最終氷期以降の海水面上昇にともなう山地への海水の浸入が原因と考えられている。

他に日本地図でリアス海岸の発達した地域を探してみると、紀伊水道を挟んだ和歌山県西部と徳島県東部、豊後水道を挟んだ愛媛県西部と大分県東南部に見つけることができる。これらの地域のリアス海岸は沈降によってできた。中央構造線に沿う紀伊山地・四国山地・九州山地は、かつて一つの長大な山地帯であったのが、地殻変動によって紀伊水道と豊後水道の部分が大きく沈降し、2

つの水道の対岸がリアス海岸となったと思われる。三重県の志摩半島、福井県の若狭湾なども同様で、三陸以外のリアスは沈降海岸が多い。

なお、本書ではリアス海岸と表記したが、「学校では確か**リアス式海岸**と習ったはずだが…」という方が多いと思う。英語ではrias shorelineと表記し、日本語の「式」に該当する表現はなく、近年は日本でも学術用語としてリアス海岸の表現が一般化している。学校で使う教科書も今はリアス海岸と記載されている。

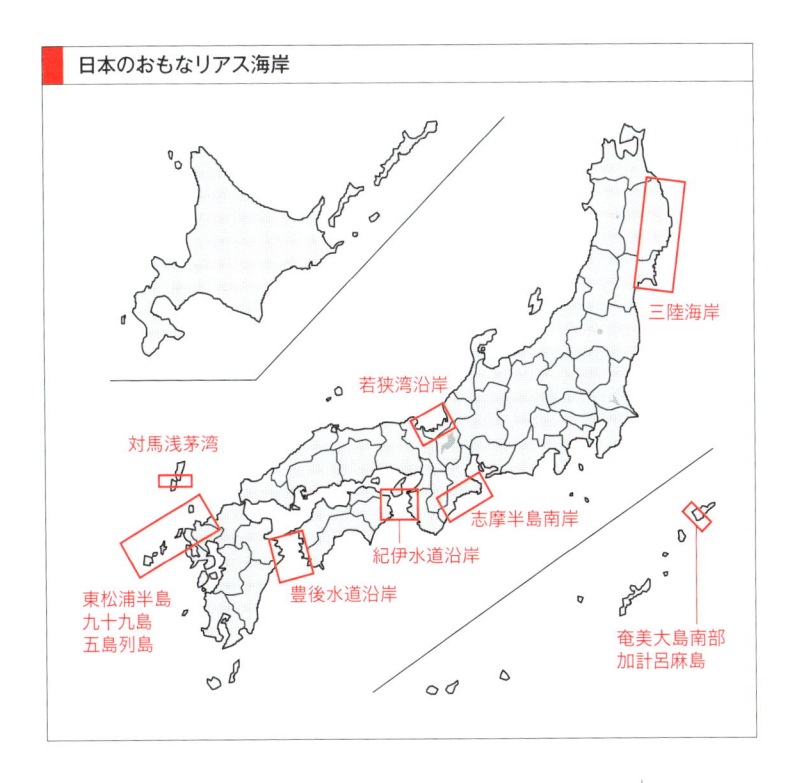

■ 日本のおもなリアス海岸

三陸海岸
若狭湾沿岸
対馬浅茅湾
志摩半島南岸
紀伊水道沿岸
東松浦半島
九十九島
五島列島
豊後水道沿岸
奄美大島南部
加計呂麻島

9 シラス台地の「シラス」ってナニ？

シラス台地と関東ローム層は違うのだろうか？

　シラスについて 2 つの誤解がある。まず,カタカナで書くので,リアスやカルストのように外来語と思われがちだが,**シラス**とは,白砂または白洲を意味する鹿児島の方言で,南九州に広く分布する白色で砂質のパサパサした火山堆積物のことをいう。また,シラスは桜島や霧島の火山灰が積もったものと誤解されているが,実際は,約 2.5 万年前頃に姶良カルデラを形成した火山活動の火砕流による噴出物が冷えて固まったもので,現在,鹿児島の人々を悩ましている桜島の降灰とは別ものである。

　鹿児島県大隅半島中央部の**笠野原台地**は,シラスが 20 〜 200m の厚さに堆積している国内最大のシラス台地である。シラスは水持ちが悪く,肥料分も乏しいため農業には適さず,さらに大雨が降ると土砂災害を起こすことも多く,これをどう克服するかは,この地方に住む人々にとっては常に深刻な問題であった。

　戦後は,灌漑事業や土地改良が本格的に進み,かつては作物といっても栽培できるのはサツマイモくらいに限られていたが,近年はキャベツ・ピーマン・メロンなど収益性の高い作物の生産も増えている。畜産もさかんで,黒牛や黒豚として全国的に人気の高い上質のブランド食肉が生産され,今や笠野原は九州でも先進的な農業地帯に変貌を遂げている。

　農業以外の分野でも,かつては厄介者とされてきたシラスの特

徴を逆に利用することが考えられるようになった。高い吸水性・軽量・耐火・断熱という性質は建材として最適であり、シラスを原料とする壁材は、化学物質を含まない安全な自然建材として評価が高い。

また、シラスは傷をつけずに汚れを落とすという特徴があり、古くから磨き砂として利用されていたが、近年はこの利点を活かし、石鹸・化粧品・洗剤・研磨剤などへの利用も進んでいる。

シラスのように火山砕屑物が堆積した地層として**関東ローム層**も知られている。ただ、「ローム」とは土壌区分の一種で粘土質の高い土壌を指すドイツ語のLehmであり、必ずしも火山性の土壌とは限らない。関東ローム層と命名したのは、ナウマン（p.82参照）の後任として明治中期に来日したドイツ人地質学者のダーフィト・ブラウンスだが、彼は関東ローム層の成因までは解明していなかった。

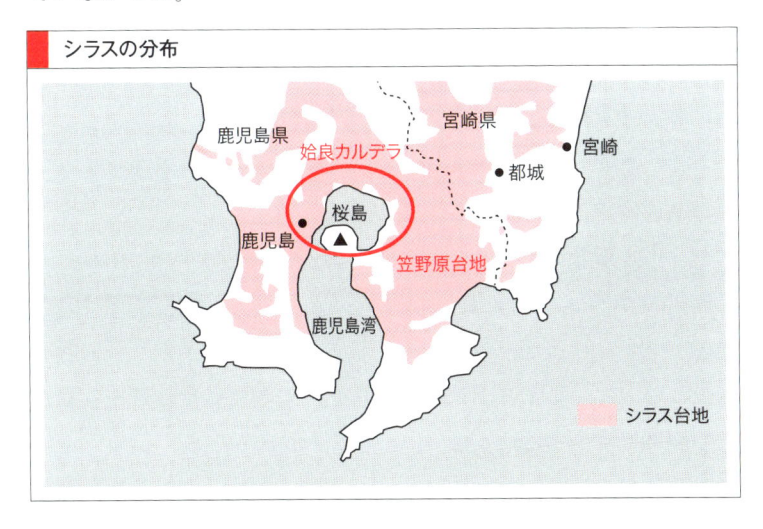

シラスの分布

10 フェーン現象の「フェーン」ってナニ？

大正の頃，気象学者岡田武松は
「フェーン」を漢字で「風炎」と表した。

フェーン現象とは，湿った空気が山を越え，風下側に吹き下ろすときに，大気が乾燥し，気温が異常に上昇する現象のことをいう。フェーンとはもともとはドイツ南部のアルプスの谷間に，とくに冬場に強く吹く局地風「**der Föhn**」のことである。

山地が多い日本では，季節を問わずフェーン現象は頻繁に起こる。たとえば，春先に日本海側で低気圧が発生すると，太平洋側から暖かく乾いた南風が吹き込み，日本海側の山を刺激して雪崩を誘発することがある。

夏場には，台風や前線が発生したときに起こりやすい。2007年に熊谷市（埼玉県）と多治見市（岐阜県）で，山形市で記録されたそれまでの国内最高気温40.8度を74年ぶりに更新する40.9度，2013年には**四万十市**（高知県）で，さらにこれを更新する41.0度が観測されたが，これらはすべてフェーン現象によるものである。

フェーン現象はどのように起こるのだろうか。

理科の授業で，気体は圧縮されると温度が上昇し，膨張すると温度が下がる性質があると習ったことを思い出してほしい。断熱膨張といって，エアコンや冷蔵庫に利用されている原理だ。風が山の斜面を上昇するときには気圧が低下するため，この原理によって空気の温度は下がる。一般には，100mにつき0.65度ず

つ下がるとされている。しかし、湿った空気の場合、山を上昇し気圧が低下すると水蒸気が飽和状態になって凝縮し、霧や雲が発生して凝縮熱を放出するため、気温の低下は100mにつき0.5度ほどにとどまる。山を越えて下降するときには、水蒸気を放出したあとなので、空気は乾燥しており、100mにつき1度ずつ温度が上昇する。41.0度を観測した四万十市の江川崎地区は周囲を山に囲まれていたために、じわじわ山を下降してきた熱波が盆地の底にこもってしまったのだ。

　フェーン現象と逆に山を越えて寒冷な風が吹き下ろす現象を**ボラ現象**という。冬の高気圧から吹き下ろす風は、湿度が低いために山を越えても温度の変化はほとんどなく、麓の地方に冷たい強風となって吹き下ろす。六甲嵐・比叡嵐・赤城嵐など日本でも太平洋岸の地方に吹く**嵐**（おろし）はボラ現象の一種だ。ボラの語源はギリシャ神話に出てくるボレアスだそうだ。

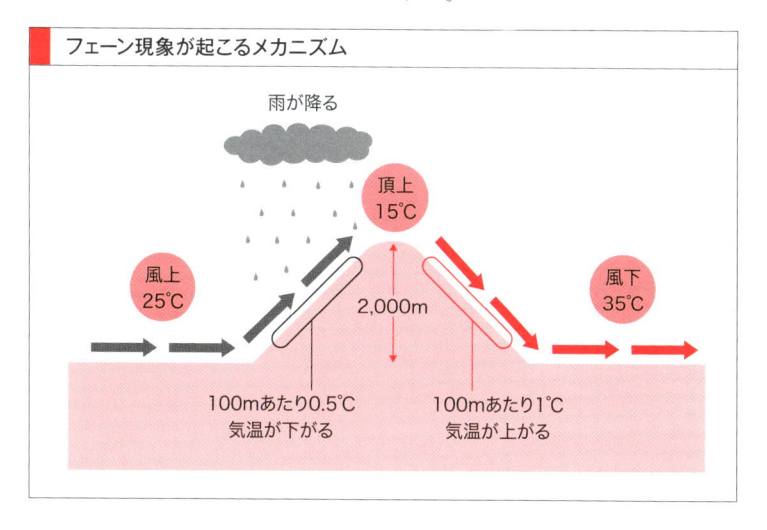

フェーン現象が起こるメカニズム

雨が降る

頂上 15℃

風上 25℃

2,000m

風下 35℃

100mあたり0.5℃ 気温が下がる

100mあたり1℃ 気温が上がる

11 「梅雨」の語源はナニ？

梅が熟する季節に降る雨だから
「梅雨」というのはホントだろうか？

　梅雨とは6月から7月中旬にかけて北海道を除く日本付近など東アジアで見られる長雨のことだ。この時期には，オホーツク海方面から北日本に張り出した**オホーツク海気団**と，日本の南海上に勢力を広げ始めた**小笠原気団**の間に発生した**梅雨前線**が中国南部から日本列島にかけて停滞し，その前線に太平洋から湿った空気が供給され続けるために長雨が続く。

　この長雨を日本人は「つゆ」と呼ぶが，漢字で書く「梅雨」は，本来は中国の言葉で「メイユー」と発音する。昭和初期に中央気象台のある技師が6月頃の停滞前線を「梅雨前線」と名づけ，それ以後，日本でもつゆに梅雨の漢字が使われるようになった。

　梅雨という漢字の由来は，かつてはカビ（黴）が生えやすい時期の雨という意味の「**黴雨（メイユー）**」と呼んでいたのが，カビでは語感が良くないので同じ音で季節に合った梅の字を使い「**梅雨（メイユー）**」になったという説が有力だ。国語辞典で「ばいう」と引くと，梅雨と黴雨が併記されており，梅が熟する季節に降るからというのは俗説である。

　「つゆ」は古くからの日本語で，液・汁・露(つゆ)などの意味があり，シトシト降る雨をそう呼んだのだろう。他にもカビで物がそこなわれる「費(つい)ゆ」とか，梅の実が熟し潰れる時期だから「潰(つい)ゆ」という説もあるが，黴雨や梅雨と関連づけるためのこじつけだろう。

梅雨前線が発生するメカニズム

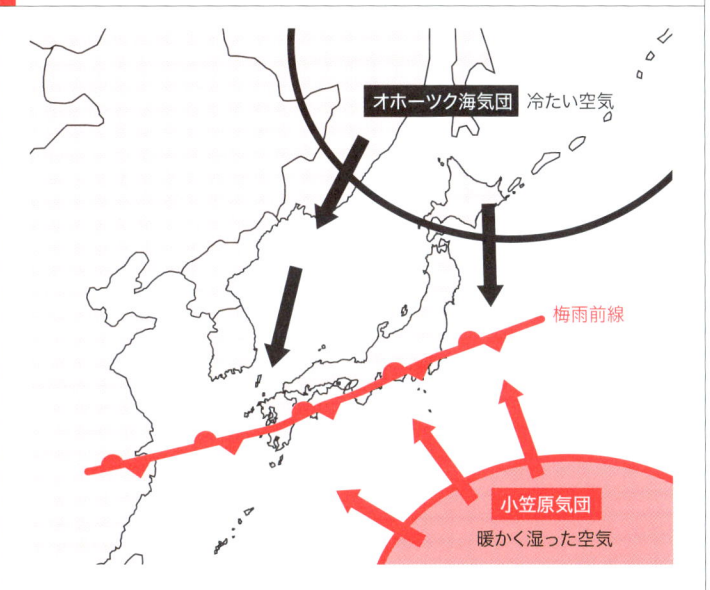

オホーツク海気団　冷たい空気

梅雨前線

小笠原気団
暖かく湿った空気

梅雨前期は，オホーツク海気団が強く，雨はシトシト降るが，小笠原気団の勢力が強まる後期には，雨はザーザー降る。さらに小笠原気団が強まると梅雨前線が解消し，梅雨明けとなる。

季節による雨の呼び名

梅雨以外にも日本人は季節折々に降る雨をいろいろな名で呼んでいる。

- **菜種梅雨**（なたねづゆ）…3月から4月にかけて降る長雨。春霖ともいう。
- **小糠雨**（こぬかあめ）…春先に降る糠のように細かい雨。霧雨。
- **甘雨**（かんう）…春になり，草木の成長を助ける雨。
- **穀雨**（こくう）…穀物を成長させる雨，二十四節季の6番目で4月20日頃。
- **翠雨**（すいう）…草木の青葉に降りかかる雨。緑雨ともいう。
- **麦雨**（ばくう）…麦が熟する頃に降る雨。
- **五月雨**（さみだれ）…旧暦の5月に降る雨。今の暦では梅雨にあたる。
- **秋霖**（しゅうりん）…秋に降る長雨。
- **時雨**（しぐれ）…晩秋から春先まで，降ったりやんだりを繰り返す通り雨。

12 「台風」の語源はナニ？

英語では「タイフーン」，
中国語では「タイフン」と言うそうだけれど…

台風とは北太平洋の南西部で発生し，激しい暴風雨をもたらす熱帯低気圧のことをいう。古くは，強風が野の草を吹いて分けるという意味で「**野分**(のわき)」と呼ばれ，11世紀に書かれた『源氏物語』の第二八帖の巻名に使われており，芭蕉や蕪村の俳句にも「野分」を季語として使った作品が見られる。

台風と呼ぶようになったのは明治以降である。当初は「**颱風**」の漢字が当てられていたが，戦後，当用漢字が定められると「台風」と表記するようになった。英語では**タイフーン（typhoon）**と呼ぶ。タイフーンは日本語の台風が転化した言葉のように思われがちだが，実は逆で，ヨーロッパ諸国が東アジアへ進出するようになった16世紀のイギリスの記録にすでにタイフーンという表記があり，台風という語は英語のタイフーンを音訳したものである。そうなるとタイフーンの語源が気になるが，中国語広東方言の**タイフン（大風 taifung）**を由来とする説が有力である。

なお，厳密にいえば，気象庁では風速が毎秒17m以上（10分間平均）の熱帯低気圧を台風と定義しているが，国際的には毎秒33m（1分間平均）がタイフーンであり，まったく同じではない。また，台風は1号2号と発生順に番号で呼ばれるが，タイフーンは関係国で構成する台風委員会があらかじめ用意した140個の名前を用い，発生順に名づけることになっている。

タイフーン（台風）の国際名

発生順	呼び名	意味	提出国
1	Damrey　ダムレイ	象	カンボジア
2	Haikui　ハイクイ	イソギンチャク	中国
3	Kirogi　キロギー	雁	北朝鮮
4	Kai-tak　カイタク	啓徳（旧空港名）	香港
5	Tembin　テンビン	てんびん座	日本
6	Bolaven　ボラヴェン	高原	ラオス
7	Sanba　サンバ	マカオの名所	マカオ
8	Jelawat　ジェラワット	淡水魚	マレーシア
(中略)			
138	Khanun　カーヌン	果物の名	タイ
139	Vicente　ヴェセンティ	男性の名	アメリカ
140	Saola　サオラー	動物の名	ベトナム

台風委員会の加盟国（アメリカとアジアの14か国）が提出した140の名を用い，発生順にタイフーン名として使う。140番まで使うと1番に戻る。

暴風雨をともなう熱帯低気圧の呼び名

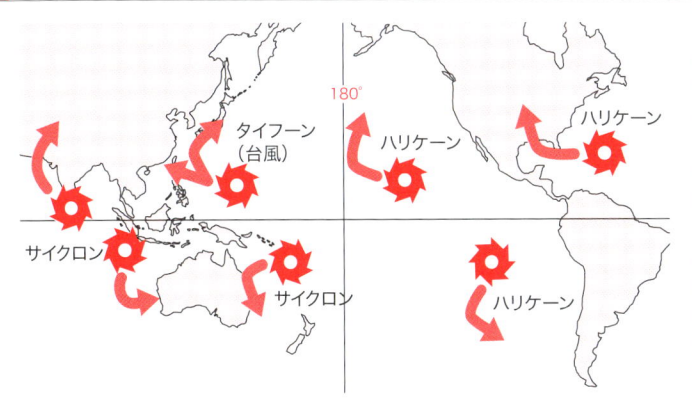

東経180度以西・赤道以北の太平洋で発生するとタイフーン（typhoon），大西洋や東経180度以東の太平洋ではハリケーン（hurricane），インド洋や東経180度以西・赤道以南の太平洋ではサイクロン（cyclone）と呼ぶ。

> **ワンポイント知識**

地名由来の言葉アレコレ

　日常生活の中で使われる言葉には地名が由来となっているものが意外と多い。たとえば次の言葉の語源が地名だったことをご存じだろうか？

野菜の名…日本の野菜では**野沢菜**や**小松菜**が地名由来だ
　　○**カボチャ**〈ポルトガル人により，カンボジアの産物として伝来〉
　　○**ジャガイモ**〈オランダ人により，ジャガタラ（ジャカルタ）から伝来〉
　　○**ホウレンソウ**〈法蓮（中国語でペルシャ）が原産地〉

お酒の名…渋谷区恵比寿の地名はヱビスビールが由来だが…
　　○**シャンパン**〈フランスのシャンパーニュ地方で製造〉
　　○**バーボン**〈アメリカのケンタッキー州バーボンで製造〉
　　○**テキーラ**〈メキシコのハリスコ州テキーラで製造〉
　　○**紹興酒**〈中国の浙江省紹興市で製造〉

コーヒー・紅茶の名…**コロンビア**，**ブラジル**はもちろん産地国の名
　　○**ブルーマウンテン**〈ジャマイカ東部の山ブルーマウンテン山麓が産地〉
　　○**キリマンジャロ**〈タンザニアの高峰キリマンジャロ山麓が産地〉
　　○**モカ**〈アラビア半島南部イエメンのコーヒー積み出し港モカ〉
　　○**ダージリン**〈インド・アッサム地方の茶の産地ダージリン〉

スポーツの名…**マラソン**がギリシャのマラトンに由来することは有名
　　○**ラグビー**〈イギリス中部の都市ラグビーの学校が発祥地〉
　　○**アルペンスキー**〈アルプス山脈の急斜面を滑降〉
　　○**ノルディックスキー**〈ノルウェーで発展。距離とジャンプの複合〉

その他
　　○**カナリア**〈カナリア諸島原産の野鳥を改良〉
　　○**バンガロー**〈インド・ベンガル地方の民家〉
　　○**タキシード**〈ニューヨークのタキシード・パークの舞踏会で流行〉
　　○**ビキニ**〈太平洋の核実験場ビキニ環礁の名。衝撃的という意味〉
　　○**リーゼント**〈ロンドンのリーゼント通りのカーブになぞらえた髪型〉
　　○**ピストル**〈イタリアの都市ピストリアで広まった小型銃〉
　　○**ハンバーグ**〈タタール人の料理だったが，ドイツのハンブルクで人気〉
　　○**カステラ**〈スペインのカスティーリャ地方のパン〉

第3章

基準・定義が
気になる疑問

1 日本ってホントは狭い国？広い国？領土・領海・領空の定義とは？

領海は何を根拠に12海里って決めたのだろうか？　領空ってどこまで？
人工衛星は勝手によその国の上空を飛んでも大丈夫なの？

🗾 日本ってホントは広い国 !?

　カナダを旅行する機会があった。帰路はトロントからの飛行機だったが，トロント空港を飛び立って6時間ほど経ってもまだカナダ上空を飛んでいた。日本から6時間といえば，東へ飛べばハワイ付近，南ならばベトナムあたりになる距離だ。カナダはロシアに次いで世界第2位，日本の約26倍の領土を保有している。カナダは予想以上にでっかい国だった。

　ちなみにロシアはなんと日本の約45倍の広さである。こういう数字が示されると，やはり日本は狭い国なのかなと思ってしまう。しかし，世界の1位や2位の国と比べるからそう思えるのであって，実際，日本は決して狭い国ではない。世界195か国のうち，日本の国土面積は第61位，世界の3分の2の国は日本よりも狭い。

　アジアの中では47か国中第17位，ヨーロッパの国々と比較すると，ロシアを除くヨーロッパ42か国のうち，日本より広い国はウクライナ，フランス，スペイン，スウェーデンのわずか4か国にすぎない。同じ島国のイギリスは日本の3分の2ほど，オランダやベルギーは九州よりも小さく，最小のバチカン市国は東京ディズニーランドよりも小さいのだ。

同縮尺の日本とヨーロッパ

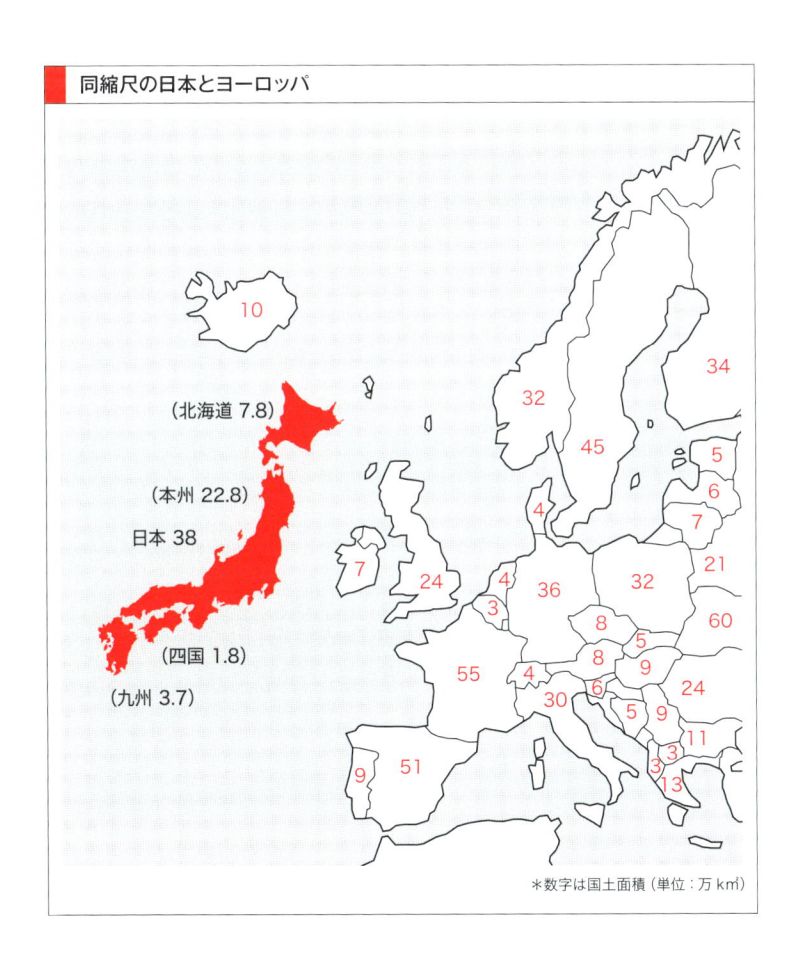

(北海道 7.8)
(本州 22.8)
日本 38
(四国 1.8)
(九州 3.7)

10, 32, 34, 45, 5, 6, 7, 4, 24, 7, 4, 36, 32, 21, 3, 8, 5, 60, 55, 4, 8, 8, 9, 24, 30, 6, 5, 9, 3, 11, 9, 51, 3, 13

※数字は国土面積（単位：万km²）

第3章 基準・定義が気になる疑問

領土と領海

　国土すなわち<u>領土</u>とは、その国の主権が及ぶ範囲の<u>土地</u>である。主権は統治権ともいう。他国から支配や干渉を受けない独立した権限のことだ。

　<u>領海</u>は、領土の周囲の一定範囲の海域で、沿岸国の主権に服する海域である。沿岸国は領海において、排他的に漁業などの経済活動を行い、領土と同様に警察権を行使し、防衛または安全のための軍事行動をとることができる。

　ただ、昔から現在のような領海という概念があったわけではない。歴史を振り返ると、中世以前には「<u>海はみんなのもの</u>」だった。15世紀末からコロンブスなどが活躍する大航海時代になると、「<u>海は、力のある国が支配する</u>」という勝手な論理がはびこるようになり、近世以降は、「<u>近海は沿岸国のもの、それ以外はみんなのもの</u>」という、<u>領海</u>と<u>公海</u>を区別する考え方が定着する。

　しかし、そうすると近海つまり領海とはどれくらいの範囲を指すのかということが問題となる。18世紀には、「主権の範囲は武力が尽きるところまで」という考えから、「<u>着弾距離説</u>」が広まり、各国は沿岸から<u>3海里</u>の範囲を領海とするようになった。着弾距離というのは、撃った大砲の弾が届く距離のことで、当時はおよそ3海里（約5.5km）であった。

　なお、1海里は約1,852mである。中途半端な数字に思えるが、これは緯度1分の距離である。地球の全周は約4万kmなので、その360分の1が緯度1度、さらにその60分の1が緯度1分、つまり40,000km ÷ 360 ÷ 60で約1,852mとなったわけである。

　領海3海里時代は、第二次世界大戦前後まで続く。しかし、20

世界の排他的経済水域

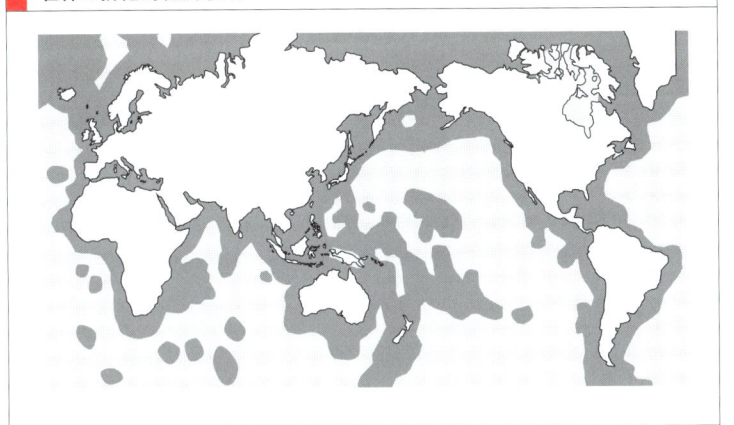

日本の領海と排他的経済水域

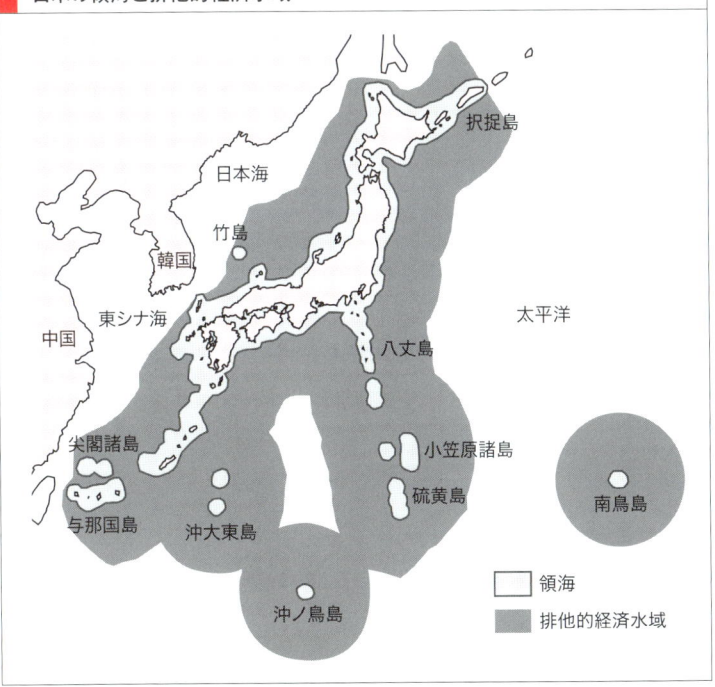

択捉島
日本海
竹島
韓国
東シナ海
中国
太平洋
八丈島
尖閣諸島
小笠原諸島
硫黄島
与那国島
沖大東島
南鳥島
沖ノ鳥島

□ 領海
■ 排他的経済水域

第❸章 基準・定義が気になる疑問

世紀後半,世界中のどこでも米ソの大陸間弾道ミサイルの射程距離内となり,着弾距離3海里は根拠がなくなった。さらに,漁業権や石油採掘権など各国の思惑が絡み,領海を3海里よりも広く主張する国々が増え始める。アンチョビ漁の権益を守ろうとするペルーなど南米の一部の国は領海200海里を主張する。

　そこで1970年代,領海の外側に**排他的経済水域**を設定することが提案され,その後,領海**12海里**と排他的経済水域**200海里**という形が国際社会で定着するようになる。排他的経済水域内では,水産資源や鉱産資源は沿岸国に権利が認められている。しかし,どこの国の船舶でも航行については公海と同様に自由である。

経済水域と日本

　海に囲まれた日本は,本土からはるか離れた洋上にも沖ノ鳥島や南鳥島などの島々を領有し,広大な排他的経済水域を保有している。その広さは447万km²に及び,これは国土面積の約12倍,ヨーロッパ地中海の約1.5倍に相当し,日本は堂々の**世界第6位**の海洋保有国である。また,日本の排他的経済水域には,日本海溝など深海が多く,6,000m以深の海域の保有はなんと日本が世界一だ。

　それらの深海には,レアメタルを含む熱水鉱床やニッケルやコバルトの鉱床が確認されており,さらに日本周辺の海底は次世代エネルギーと期待されているメタンハイドレートの埋蔵量も豊富だ。まだ探査や研究段階だが,多くの資源を海外に依存している日本にとって広大な排他的経済水域は「恵みの海」,日本が資源大国に変貌することもあながち夢物語ではないかもしれない。

世界の排他的経済水域面積ランキング

①	アメリカ	762 万 km²
②	オーストラリア	701 万 km²
③	インドネシア	541 万 km²
④	ニュージーランド	483 万 km²
⑤	カナダ	470 万 km²
⑥	日本	447 万 km²
⑦	ロシア（旧ソ連）	449 万 km²
⑧	ブラジル	317 万 km²
⑨	メキシコ	285 万 km²

※ アメリカ国務省資料に基づく。なお、ロシアは旧ソ連のバルト海や黒海沿岸諸国も含むため、実際は日本より下位になると判断した。

国家の領域

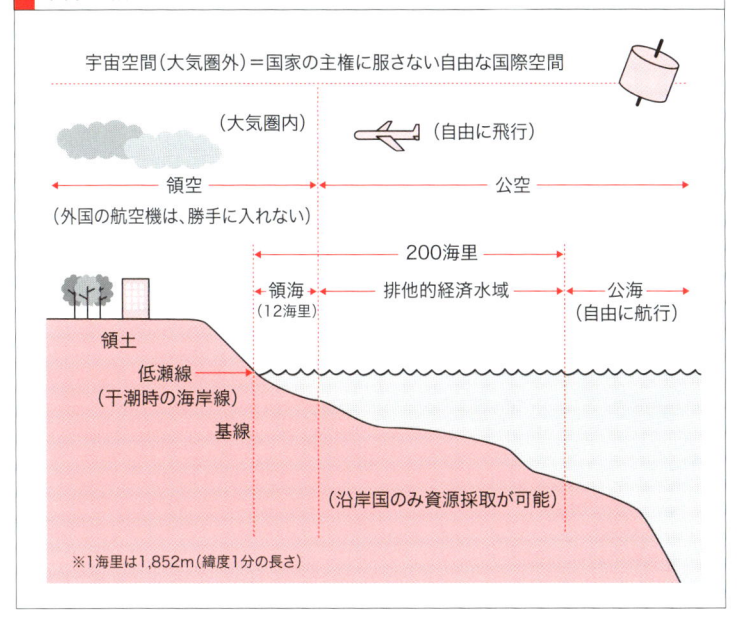

宇宙空間（大気圏外）＝国家の主権に服さない自由な国際空間

（大気圏内）　　（自由に飛行）

←―― 領空 ――→ ←―― 公空 ――→

（外国の航空機は、勝手に入れない）

200海里

領海　排他的経済水域　公海
（12海里）　　　　　　（自由に航行）

領土

低瀬線
（干潮時の海岸線）

基線

（沿岸国のみ資源採取が可能）

※1海里は1,852m（緯度1分の長さ）

領空ってどこまで？

　領空は領土・領海の上空の国家領域であり，他国の航空機は許可なく飛行することはできない。しかし，領土や領海の上空にも国家の主権が及ぶなどとは，気球や航空機が登場する20世紀初頭までは誰も考えなかった。第一次世界大戦が勃発すると，各国は自国の上空へ侵入する航空機を警戒するようになり，そこで戦後の1919年，「国際航空条約」によって主権が及ぶ領空という概念が確立する。しかし，当時はまだはるか上空の宇宙空間を人工衛星が飛び交うことまでは想定しておらず，領空の上限については明確にされなかった。

　戦後は，米ソをはじめ各国の宇宙開発が活発になり，1967年，「宇宙平和利用条約」が発効すると，宇宙空間の領有は禁止され，領空の上限，つまり主権が及ぶ範囲は大気圏・引力圏に限定されるようになった。

　四囲を海に囲まれ，直接，外国と国境を接していない島国に暮らす日本人は，領土・領海・領空という概念がどうしても希薄になりがちだ。しかし，**北方4島**はいまだロシアの統治下にあり，島根県の**竹島**は，不法な支配を続ける韓国によって日本の領有権そのものが否定され，日本の領土であるそれらの島々にはわが国の統治権が及んでいないという現実がある。望ましい国際関係の確立には，国どうしの主権の尊重や信頼が不可欠であり，自国の利益のみを追求する偏向した領土意識は避けねばならないが，もっと日本人は領土に対する認識を深めねばならない。

2 日本に島はいくつある？島の定義とは？

日本最南端の沖ノ鳥島は海抜1m，面積はわずか7.9㎡というちっぽけな島だ。それならば，もっと大きな東京湾の台場や伊勢二見浦の夫婦岩も島なのだろうか？

どれくらいの大きさから島と呼ぶのだろうか？

国語辞典によると，島とは「周囲を水に囲まれた陸地」と定義されている。それでも，三重県二見浦の夫婦岩のような周囲20mほどの岩を島と呼んだりはしない。しかし，日本最南端の島として知られる沖ノ鳥島は，海水面からわずか1mほど顔を出しているだけで広さは4畳半ほど，夫婦岩よりずっと小さいにもかかわらず島と呼ばれている。島の定義はどのようになっているのだろうか。

海上保安庁は「満潮時に海岸線の総延長が100m以上ある陸地」を島と定義している。そうすると日本列島を構成する島の総数は6,852。総務省統計局もこの数値を採用している。しかし，国土地理院では島の定義を「航空写真に写る陸地」としており，島の総数は43,306というかなりの数になる。

国際的には，「国連海洋法条約」によって「自然に形成された陸地であって，高潮時においても水面上にあるもの」が島と定義されている。この定義により，夫婦岩よりもちっぽけな沖ノ鳥島が，国連の大陸棚限界委員会に島として認定されているのだ。

日本列島を構成する島々

日本列島は多くの島々で構成されているが，日本の総人口の

99.4%は，本州・北海道・九州・四国・沖縄本島のわずか5島に居住している。5島以外の島々は離島と呼ばれる。離島のうちでも人が居住している島は418島，日本列島を構成する島々のうち，なんと99%は無人島なのだ。

　有人離島は，瀬戸内海のような内海部から北は北海道の礼文島，東南は小笠原諸島，西南は沖縄八重山群島など外洋部まで全国に分布している。それらの島々の中には，淡路島や天草島のように本土と橋で結ばれ，人口も多く離島ということを感じさせない島もある。しかし，多くの島々は，周囲が海という地理的条件に加え，過疎化や少子高齢化，それにともなう産業活動の停滞，さらに教育・医療・福祉・交通など生活環境の面でも多くの難問を抱えている。これらは離島に限らず山間僻地にも共通する課題だが，ただ離島が山間僻地と決定的に違うのは交通事情だ。昨今は，国内のどのような山奥でも道路が整備され，自動車で1時間も走れば町へ買い物に出ることができる。しかし，自動車で島外へは行けない離島の場合，島民の時間的・経済的制約の大きさは山間僻地の比ではない。

　現在，**離島振興法**や特別措置法によって，305の離島が振興地域の法指定を受けている。しかし，それら法指定の離島のうち，約3分の1にあたる105島は人口が100人以下，そのうち，いつ無人化しても不思議ではない人口10人以下の島が24島もある。

日本の島嶼の構成（2012.4.1 現在）

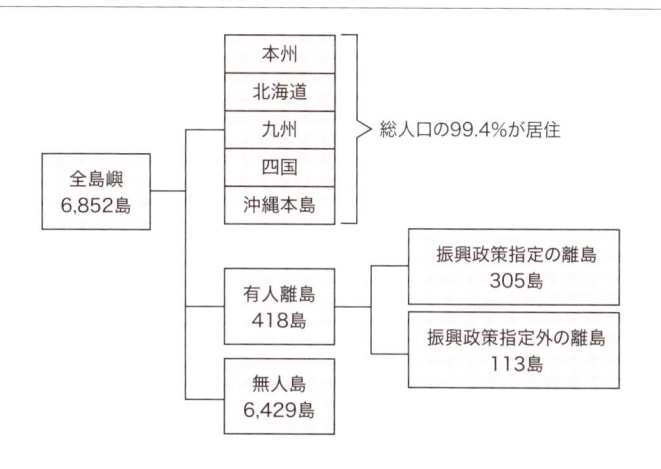

```
全島嶼    ┌─ 本州    ┐
6,852島   ├─ 北海道  │
          ├─ 九州    ├─ 総人口の99.4%が居住
          ├─ 四国    │
          ├─ 沖縄本島┘
          │
          ├─ 有人離島 ┬─ 振興政策指定の離島 305島
          │  418島    └─ 振興政策指定外の離島 113島
          │
          └─ 無人島 6,429島
```

国土審議会第8回離島振興対策分科会資料より作成
※全島嶼数は海上保安庁（1986年3月調査）定義に基づく
　国土地理院定義では43,306島

日本最南端　沖ノ鳥島

東京から南へ約1,700km離れた太平洋上の孤島である。周囲11kmほどのサンゴ礁の中に，かつては6つの小島があったが，浸食が進み，現在は，面積1.58㎡の東小島と，7.86㎡の北小島の2島だけが残る。　（写真提供：海上保安庁）

3 水源地と河口, 一級河川と二級河川 河川の定義とは?

川の長さはどこからどこまでをいうのだろうか? 一級河川と二級河川はどんな基準で分けているのだろう? 右岸と左岸ってどちら側?

川の長さはどこからどこまで

　山の高さは海水面から山頂までの標高,これは明解でわかりやすい。それでは川の長さ,すなわち流路延長はどこからどこまでを指すのだろうか? 一口にいえば,河口から水源地までの距離である。しかし,河口や水源地とはどのような箇所をいうのだろう? また,川は上流で多くの支川に分かれることが多いが,どれがその川の長さを決める本川なのだろう? 川の長さを決めるにはいろいろ気になる疑問が多い。

　まず,河口とは川が海と交わる地点を指し,川の長さを決める原点となる。ただ,河口は山頂とは違って長年の間に位置が変わることがある。たとえば,荒川や信濃川のように,治水のために放水路が掘削されて新しい川がつくられた場合や,東京湾や大阪湾の臨海部のように河口付近の埋め立てが進行して河口の位置が海側へ移動した場合などである。

　しかし,国交省によって原点として定められた河口は,その後,実際の河口が別の場所に変わることがあっても,原則としてその位置を修正変更することはしない。なぜなら,水位や流量を観測する流域の各地点の位置は,河口からの距離で表示されており,河口の位置を変えると,それらの距離表示をすべて変更しなければならない。河川の管理システムへの支障が大きいのだ。

大きな河川では，川の長さの原点となる河口には，「河口から0km」と表記した通称ゼロポイントの標識が設置されている。東京湾へ流れる荒川の**ゼロポイント**は，葛西臨海公園付近にある実際の河口よりも約4km上流に設置されている。川の長さの原点となる河口は，必ずしも実際の河口とは一致しないわけだ。

　水源地の定義もわかりづらい。水源地といえば，実際に水が湧き出している地点のことと誰もが思うだろう。ホントはそれが正しいのだが，標高の高い山間部の湧出地点をくまなく調査するのは困難であり，また湧出地点は天候や季節で位置が変わることがある。国交省が実施する河川現況調査では，便宜上，**分水嶺**つまり降った雨の水が流れ出す最高地点である山の稜線をその川の水源地として採用している。実際に水が湧き出し，流れ始める水源地と，河川調査時の水源地も同じではないわけだ。

　川は上流へ遡ると多くの流れに枝分かれするが，その川の長さとなるのは，枝分かれした流れのうち流路延長が最長の川の長さである。最長の川を**本川**または幹川という。たとえば信濃川は，長野県内で北アルプスを源流とする犀川と関東山地の甲武信岳を源流とする千曲川に分かれるが，流路延長が長い千曲川のほうが本川である。しかし，多くの支川のうち，どの川が本川にあたるのかを決めるのは容易ではない。測量技術が進んだ現在，かつて最長と思われていた本川よりも長い支川が見つかることもある。それでも，原則として本川を別の川に変更することはないそうだ。

一級河川と二級河川の違い

　岐阜の市街地を東西に流れる両満川という川がある。右の写真の川だが、川幅はわずか1mほど。川というよりも、どう見ても側溝にしか見えない。しかし、この両満川は**一級河川**である。

　河川は一級河川、二級河川、準用河川、普通河川に分類することができるが、その違いは何だろうか？　どうして両満川のような小川が一級河川に指定されているのだろうか？

　水源から河口にいたるまでの本川や支川のまとまりを**水系**といい、一級二級の呼び方は水系ごとに決められている。国土保全や国民経済上とくに重要な水系で国が指定したものが**一級水系**、一級水系以外で、都道府県が指定した公共の利害に重要な関係がある水系が**二級水系**である。一級水系には2つ以上の都府県にまたがって流れる川が多く、全国で109水系が指定されている。二級水系は全国で2,713水系が指定され、ほとんどは同一県内を流れている。

　一級河川とは、一級水系に属し、河川法の適用を受ける河川で、**二級河川**は二級水系に属する河川をいう。市町村が管理する河川を準用河川、それ以外を普通河川という。

　本川となる川が一級河川ならば、その大小にかかわらず支川も一級河川に指定される。一級水系の河川はどんなに小さな支流であっても二級河川に指定されることはない。

　写真の両満川も、わずか1mの川幅であっても一級水系の長良川の支川であるため、一級河川に指定されている。ちなみに両満川は写真の地点から2km下流では川幅は5m、5km下流の長良川との合流地点付近では約30mまで広くなる。

川幅1mの一級河川 両満川

東京湾に注ぐ河川の河口

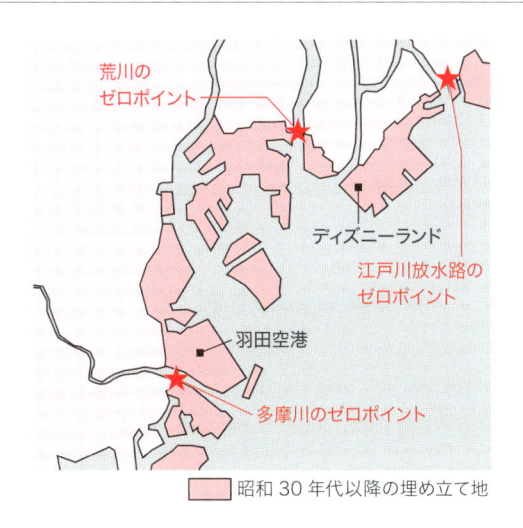

荒川の
ゼロポイント

ディズニーランド

江戸川放水路の
ゼロポイント

羽田空港

多摩川のゼロポイント

■ 昭和30年代以降の埋め立て地

昭和30年代までは、多摩川、荒川、江戸川の河口は★の場所にあった。高度経済成長期以降の臨海部の埋め立てにそれぞれ実際の河口は数キロ移動したが、川の長さの原点となる河口すなわちゼロポイントは現在も★の位置にある。

岐阜県は海に面していないため、県内を流れるすべての河川は、木曽川・長良川・庄川など県境を越えて他県へ流れる一級水系に属する河川であり、岐阜県内には二級河川は一つもない。岐阜県のように海に面していない奈良・滋賀・長野・群馬・栃木・埼玉の各県にも二級河川は存在しない。ただ、例外として、山梨県の富士五湖とそこに流入する河川は、海へ流れるどの水系にも属していないので、二級河川に指定されている。

　大きな川のない沖縄県には、一級河川が一つもない。

右岸と左岸ってどちら側？

　島や湖の場合は南岸や北岸、山の場合も東麓や西麓など位置を表すのに東西南北を使うが、川の場合は左右を使って、左岸や右岸と呼んでおり、これに戸惑う人が多い。蛇行や曲流をする河川では南岸や西岸という表現はかえってわかりづらく、そのため、国際的にも河川の場合は右岸・左岸という言葉を使う慣習がある。上流から下流に向かって左側を左岸、右側を右岸と呼ぶ。川下りの観光船に乗って川岸の風景を楽しむとき、進行方向に向かって左側が左岸、右側が右岸と覚えるとわかりやすい。

日本のおもな河川

石狩川
〈③268km／②14,330km²〉
北海道最大の川。空知川など長さが100kmを超える支川が4本

最上(もがみ)川
〈⑦229km／⑨7,040km²〉
日本三大急流の一つ。一つの県内を流れる川としては日本最長

天塩(てしお)川
〈④256km／⑩5,590km²〉
日本で4番目に長い川

阿賀野川
〈⑩210km／⑧7,710km²〉
豪雪地帯を水源に持ち、年平均流量447m³／秒は日本一

信濃川
〈①367km／③11,900km²〉
日本最長、長野県内では千曲川と犀川に分かれ、流域には日本最多の約90のダムがある

北上川
〈⑤249km／④10,150km²〉
東北地方最大の川。流域の胆沢ダムは堤体長が723mあり日本一

江の川(ごうのかわ)
〈194km／3,870km²〉
「中国太郎」と呼ばれる中国地方最大の川

筑後川
〈143km／2,863km²〉
「筑紫太郎」と呼ばれる九州最大の川

吉野川
〈194km／3,750km²〉
四国4県を流域とし、「四国三郎」と呼ばれる

阿武隈(あぶくま)川
〈⑧239km／⑩5,400km²〉
日本最長となる全長60kmの貞山運河で旧北上川と結ばれている

球磨(くま)川
〈115km／1,880km²〉
日本三大急流の一つ

利根川
〈②322km／①16,840km²〉
流域面積は日本一で7都県に及び、域内人口も日本一の1214万人

荒川
〈173km／2,940km²〉
埼玉県内の御成橋付近の川幅は日本一の2,570m

富士川
〈128km／3,390km²〉
日本最大急流の一つ、日本一高い箇所を流れる川

木曽川
〈⑧227km／⑤9,100km²〉
下流の氾濫原では、集落が堤防で囲まれた輪中が発達

天竜川
〈⑨213km／5,090km²〉
諏訪湖を水源とし、遠州灘に注ぐ。橋のない江戸時代は東海道の難所

四万十(しまんと)川
〈196km／2,270km²〉
「日本最大の清流」と呼ばれる四国最長の川。水系名は渡川

淀川
〈75km／⑦8,240km²〉
流域は6府県に及び、支川の数265は日本一。域内の人口は1165万人

〈 〉は川の長さと流域面積
○内の数字はそれぞれの順位(10位以内)

〈資料：理科年表〉

4 300年も噴火していない富士山がなぜ活火山？活火山の定義とは？

噴火の兆候がなくても富士山は活火山，有史以来，噴火の記録がない赤城山（群馬県）や乗鞍岳（長野・岐阜県）も活火山。しかし，大噴火の痕跡の残る八ヶ岳（長野県）は活火山ではない。どうして？

活火山とは

　日本が，**環太平洋造山帯**に属する世界有数の火山国であることは知られている。近年，富士や箱根，九州の阿蘇や霧島など火山特有の景観を求めて海外から多くの観光客が訪れるようになったが，なにせ，世界の陸地のわずか 0.25％にすぎない日本の国土に世界の全火山の約 7％にあたる 110 の火山があるのだ。

　火山といっても，桜島のように 1 年間に 1,000 回以上も噴火する活発な火山もあれば，三宅島（雄山）のように 20〜30 年間隔で噴火を繰り返す火山もある。その一方では，乗鞍岳など有史以来（文献による検証可能な時代）噴火の記録がない火山が，110 の活火山のうち約 30 ある。活火山とはどのような火山をいうのだろうか？

　学校で習った方もおられると思うが，かつては桜島や阿蘇のように現在も活発に活動を続けている火山を**活火山**，富士山のように噴火記録はあるものの現在は活動を休止している火山を**休火山**，有史以来，噴火記録がない火山を**死火山**という表現で区分していた。しかし，火山の活動の寿命は数十万年から数百万年とされ，数百年程度の休止期間はほんのつかの間の眠りでしかなく，噴火の可能性がある火山をすべて活火山と分類する考え方が国際的に広まるようになった。日本でも，それまで噴火記録がなく，

日本のおもな活火山

- 十勝岳
- 有珠山
- 北海道駒ヶ岳
- 雌阿寒岳
- 樽前山
- 秋田駒ヶ岳
- 磐梯山
- 岩手山
- 草津白根山
- 蔵王山
- 浅間山
- 安達太良山
- 焼岳
- 御嶽山
- 富士山
- 伊豆大島
- 三宅島
- 阿蘇山
- 雲仙岳
- 九重山
- 桜島
- 霧島山
- 薩摩硫黄島
- 諏訪之瀬島
- 西之島

第3章 基準・定義が気になる疑問

死火山と分類されていた御嶽山（長野県）が，1979（昭和54）年に突然水蒸気爆発を起こしたことがきっかけとなり，近年は休火山や死火山という言葉を使わなくなった。

2003（平成15）年，**火山噴火予知連絡会**は，世界的な動向や火山学的見地を踏まえて，「おおむね過去1万年以内に噴火した火山および現在噴気活動が認められる火山」を活火山として定義した。この定義によって，110の火山が活火山と選定され，気象庁はこれら火山を過去の活動頻度や規模などに基づいてABCの3ランクに分類し，さらに火山活動の状況に応じて1〜5の5段階の火山活動度レベルを設定している。

噴火しない火山

なお，死火山という表現は使われなくなったが，活火山に該当しない火山，つまり1万年以上噴火していない火山も数多くある。八ヶ岳（長野県）は，フォッサマグナの中央部に200万年くらい前から続いた火山活動で形成された火山であり，中国地方の最高峰である大山（鳥取県）は，2万年ほど前まではさかんに火山活動を繰り返していた。万葉集の和歌に詠まれている奈良盆地北部の大和三山（香具山・畝傍山・耳成山）も1500万年前の新生代の火山が風化浸食して残った山と考えられている。

1万年くらいは火山の寿命から見るとほんの一瞬の時間というならば，これらの山が御嶽山のように突然目を覚まして噴火する恐れはないのだろうか。当然，誰もが気になるところだが，その心配はないようだ。八ヶ岳や大山が活火山に選定されている火山と異なるのは，これらの山には地下の浅いところに火山活動に繋

火山のランク分け

【Aランク】
定義／100年活動度，または1万年活動度が特に高い活火山。
　　　　特に噴火活動が活発な火山で，常時観測されている。
13火山／有珠山・浅間山・三宅島・阿蘇山・雲仙岳・桜島など

【Bランク】
定義／100年活動度，または1万年活動度が高い活火山。
　　　　登山規制はないが，何らかの監視が行われている。
36火山／雌阿寒岳・磐梯山・焼岳・富士山・九重山・霧島山など

【Cランク】
定義／100年活動度、および1万年活動度がともに低い活火山。
　　　　噴火の可能性が十分ある。
38火山／大雪山・羊蹄山・八幡平・赤城山・開聞岳など

※データ不足でランク分け対象外が23火山（北方領土や海底火山）。
※100年活動度とは短期的活動度、1万年活動度とは長期的活動度。
※BやCランクの火山が噴火すれば，Aランクに上がることもある。

火山活動度レベル

【レベル5】
極めて大規模な噴火活動
〈広範囲に甚大な被害を及ぼす噴火の可能性〉

【レベル4】
中〜大規模噴火活動
〈周辺に被害を及ぼす噴火の可能性〉

【レベル3】
小〜中規模噴火活動〈周辺に影響が出る可能性〉

【レベル2】
やや活発な火山活動〈今後の活動状態に注意〉

【レベル1】
静穏な火山活動〈現在は噴火の兆候なし〉

がるようなマグマ溜まりの存在が観測されず、マグマの供給が停止していることだ。つまり火山としての寿命を終えていると考えられている。

なぜ、四国には活火山がない

　NPO法人「日本火山学会」には、小中学生から多くの質問が寄せられる。その中で、もっとも多いのは「火山はどうやってできるのですか？」という質問だそうだ。「九州には活火山がたくさんあるのに、四国にはなぜ火山が一つもないの？」。そんな質問もある。どちらも大人でも気になる疑問だ。

　火山が形成されるメカニズムを説明しよう。まず、火山は地下の**マグマ**が地表に噴出することによって形成される。マグマとは、地殻の下にある**マントル**が溶解したものだ。それでは、なぜマントルが溶解するのだろうか？

　これには**海洋プレート**の動きが関係している。東日本では、海洋プレートである太平洋プレートが日本海溝からオホーツクプレートの下に沈み込んでいる。沈み込んだ海洋プレートがある一定の深さに達すると、地下の高温と圧力のため、プレートと接するマントルが溶解してマグマが生成される。そこで生成されたマグマはほぼ真上に上昇し、マグナ溜まりを形成し、やがて火山として地表に噴出する。マグマは液体であり、まわりの固体であるマントルよりも密度が小さい。この密度の差がマグマが上昇する浮力となり、液体の中を気体の泡が上昇するように、固体のマントルの中を液体のマグマが上昇するのである。

　マグマが生成される深度は、地下100〜150kmくらいとされ

最近噴火したおもな火山

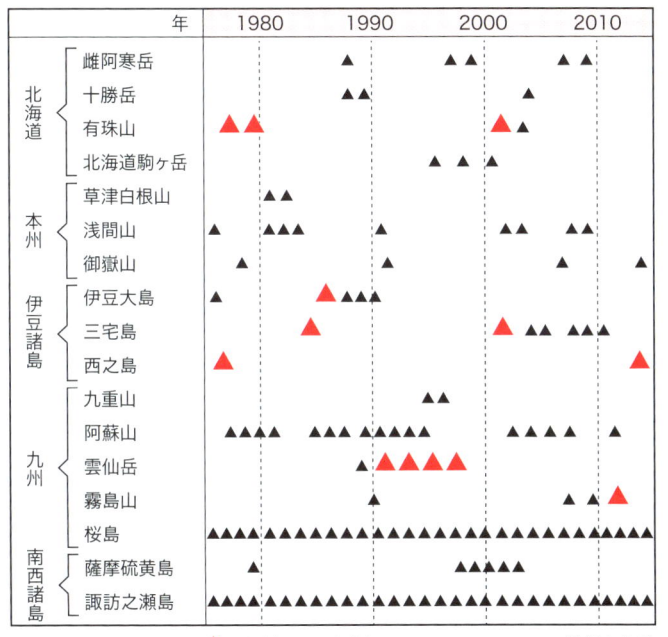

地域	火山	1980	1990	2000	2010
北海道	雌阿寒岳		▲ ▲	▲	▲ ▲
	十勝岳		▲ ▲	▲	
	有珠山	🔺 🔺		🔺	
	北海道駒ヶ岳			▲ ▲	
本州	草津白根山	▲ ▲			
	浅間山	▲	▲ ▲		▲ ▲
	御嶽山				▲ ▲
伊豆諸島	伊豆大島		🔺 ▲ ▲		
	三宅島		🔺	🔺 ▲ ▲	
	西之島	🔺			🔺
九州	九重山			▲ ▲	
	阿蘇山	▲▲▲	▲▲▲ ▲▲▲▲	▲▲ ▲	▲
	雲仙岳		🔺🔺 🔺🔺		
	霧島山				▲ 🔺
	桜島	▲▲▲▲▲▲▲▲▲▲▲▲▲▲▲▲▲▲▲▲▲▲▲▲▲▲▲▲▲▲▲▲			
南西諸島	薩摩硫黄島	▲	▲▲▲ ▲		
	諏訪之瀬島	▲▲▲▲▲▲▲▲▲▲▲▲▲▲▲▲▲▲▲▲▲▲▲▲▲▲▲▲▲▲▲▲			

🔺は大噴火　▲は小噴火　　〈資料：気象庁〉

おもな火山の過去2000年間の大規模噴火の回数

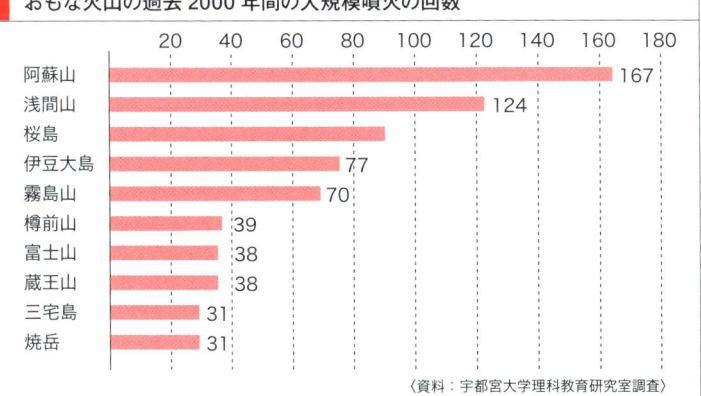

火山	回数
阿蘇山	167
浅間山	124
桜島	
伊豆大島	77
霧島山	70
樽前山	39
富士山	38
蔵王山	38
三宅島	31
焼岳	31

〈資料：宇都宮大学理科教育研究室調査〉

ている。東日本の場合，太平洋プレートが30〜40度の角度で沈み込み，深度が100〜150kmになる日本海溝から西へ250kmあたりの東北地方や北海道の直下でマグマが生成され，それが地表に噴出して火山列を形成している。

九州付近では，フィリピン海プレートが東日本よりも急な約60度の角度で沈み込み，海溝から150kmあたりに火山列が見られる。

東日本や九州の火山の位置を見ると，海溝と平行に一定の距離を隔てて列状に分布していることがわかる。この火山分布の海溝側の境界を画するラインを**火山フロント**といい，地下でマグマが生成されるプレートの深度が100〜150kmのラインにあたる。火山フロントより海溝側では，地下のプレートの深度が浅いためにマグマは生成されず，したがって地表に火山は見られない。

紀伊半島から四国付近では，プレートの沈み込む角度が15度以下と浅いため，この地域の地下ではプレートの深度が100kmに達しておらず，マグマが生成されないため，地表には火山が見られないのである。

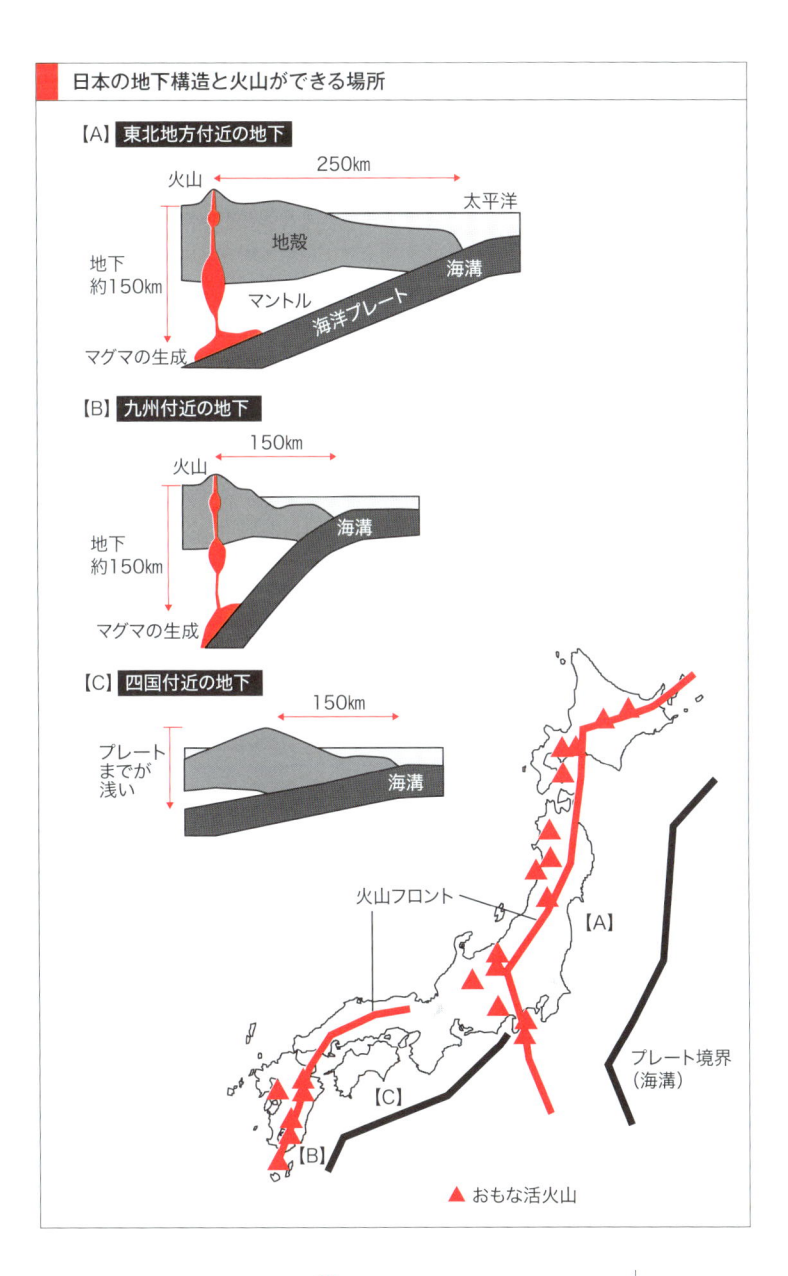

日本の地下構造と火山ができる場所

【A】東北地方付近の地下

250km

火山／地殻／太平洋／地下約150km／マントル／海溝／海洋プレート／マグマの生成

【B】九州付近の地下

150km

火山／地下約150km／海溝／マグマの生成

【C】四国付近の地下

150km

プレートまでが浅い／海溝

火山フロント

【A】

【B】

【C】

プレート境界（海溝）

▲ おもな活火山

第3章 基準・定義が気になる疑問　127

5 なぜ北海道だけが冷帯なの？気候帯区分の定義とは？

「今朝の気温はマイナス5度だそうだよ」「暖かくなったね。もうすぐ春だね」マイナス20度の日が続くと，マイナス5度は暖かく感じるようになり，北海道民はこのような会話をするという。ホントだろうか？

北海道，冷帯の冬

　筆者が初めて冬の北海道を訪れたのは，学生の頃，もう何十年も昔のことだが，そのとき，すごく感動したことがある。それは，初めて雪の結晶を見たことだ。雪の結晶なんて顕微鏡でしか見ることができないものと思っていたのだが，服についた雪の粒を見ると，図鑑に載っているあの6角の星状になった結晶が肉眼ではっきりと識別できた。筆者が子どもの頃から見てきた雪は，かき氷のような雪で，北海道の雪は違っていた。

　このとき，北海道の雪について，もう一つ気がついたことがある。それは北海道の雪では雪合戦がやりづらいことだ。サラサラしていて湿り気がなく，丸めようとしてもなかなか雪玉にならないのだ。大学で地理学を専攻していた筆者は「なるほど，これが冷帯と温帯の違いなんだ」と，勝手に一人で納得した。

　北海道の冬について，こんな話もある。東京など太平洋側の都会ならばもちろん，豪雪地帯として知られる北陸地方でも，たくさんの雪が降ると学校は始業時間を遅らせたり，時には休校になったりする。これは北海道でも同じだが，道北や道東の厳寒地域ではさらに気温がマイナス20度になると始業を1時間遅らせ，マイナス25度なら2時間遅れ，マイナス30度は休校というルールを決めている学校があるという。

雪だけを見るならば，北海道よりも秋田や新潟など本州の日本海側の県のほうが多いだろう。北海道の冬の厳しさは，雪だけではなく，マイナス20度が当たり前となる気温の低さなのだ。

　p.131の表は，中学校や高校で習う**ケッペンの気候区分**である。**冷帯**の定義は，1年の最寒月の平均気温がマイナス3度未満，かつ最暖月の平均気温が10度以上あることだ。北海道の中央部に位置する旭川市の雨温図を見ると，夏の平均気温は20度を超えるが，最寒月である1月の平均気温はマイナス8度ほどで，ケッペンの冷帯の定義に該当する。

　旭川市を本州北部の秋田市と比較すると，1月は約8度も低い。降水量はどの月も秋田より少なく，とくに，北海道は梅雨がないため，春から初夏にかけては秋田の半分以下だ。モスクワ（ロシア）の雨温図も示したが，500kmほどしか離れていない同じ日本の秋田よりも，7,000km離れたモスクワの気候のほうがむしろ旭川に近い。

　ちなみに「**日本一寒い町**」といわれる道東の**陸別町**の最寒月の平均気温はマイナス11.4度，冷凍庫に入った感じである。マイナス40度を下回り，観測不能になったこともあるそうだ。

　北海道でもっとも南に位置する函館市も最寒月の平均気温はマイナス3度しかない。本州以南の県庁所在地のうち，最寒月の平均気温がもっとも低い盛岡市（岩手県）でもマイナス2度である。北海道は広いが，全域が冷帯に属している。

北海道にゴキブリはいるのか？

　「北海道には**ゴキブリ**はいない」という噂をお聞きになったこ

とはないだろうか。北海道出身の知人に真偽を訊ねると,「北海道では見たことがない。本州へ来て初めて見た」との答えだった。さらに, いろいろ情報を集めると, 北海道ではゴキブリを見たことがないという人がほとんどである。北海道出身のある有名作家は, 初めてゴキブリを見たときにカブトムシのメスかと思ったという逸話もある。しかし,「それは昔のことで, 今はゴキブリがいる」という人もいた。ホントはどっちなのだろう?

殺虫・防虫剤の1世帯あたり年間支出金額を見ると, 北海道は全国平均の3分の1以下の663円, 47都道府県中もっとも少ない。そこで, ゴキブリ駆除剤のメーカーの方の説明を聞くと, 最近は北海道でも, 札幌市内の繁華街では,飲食店やスナックなどが入った雑居ビルにゴキブリがいるという。ただ, <u>一般の住宅では, 冬を越せないため, まずゴキブリはいない</u>とのことだ。

なお, **カブトムシ**も以前は北海道では見られなかった昆虫だが, 最近は全道で見られるようになったという。かつて, 道外から持ち込まれたカブトムシの子孫だと考えられている。

このあとは余談だが, 冬の北海道で見られないモノをあと2つ紹介する。一つは暴走族。冬の間, 北海道の道路は凍結してスリップしやすいため, 道民はバイクに乗らない。暴走族も雪解けまでは休業せざるをえないのだ。

もう一つは, 繁華街で朝まで騒ぐ酔っぱらい。東京では朝まで飲み明かし, 渋谷駅あたりで酔いつぶれて路上に寝込んでしまう人を見かけるが, 札幌で同じことをすると間違いなく凍死してしまう。居酒屋などで,客が酔いつぶれると, 仲間や店側はタクシーを呼んで, 早めにその客を自宅へ強制送還するという。

ケッペンの気候区分

	区分の基準	樹　林
熱　帯	最寒月平均気温　18℃以上	常緑広葉樹
温　帯	最寒月平均気温 {－3℃以上　18℃未満	常緑広葉樹　落葉広葉樹, 針葉樹
冷　帯	最寒月平均気温　－3℃未満　最暖月平均気温　10℃以上	針葉樹
寒　帯	最暖月平均気温　10℃未満	低温のため, 樹林なし
乾燥帯	降水量が蒸発量より少ない	乾燥のため, 樹林なし

20世紀初頭のドイツの気候学者ケッペン (Wladimir Peter Köppen) は, 植物分布を基準とし, 気温や降水量, 雨季・乾季の有無やその時期などを指標に世界を5つの気候帯に区分した。

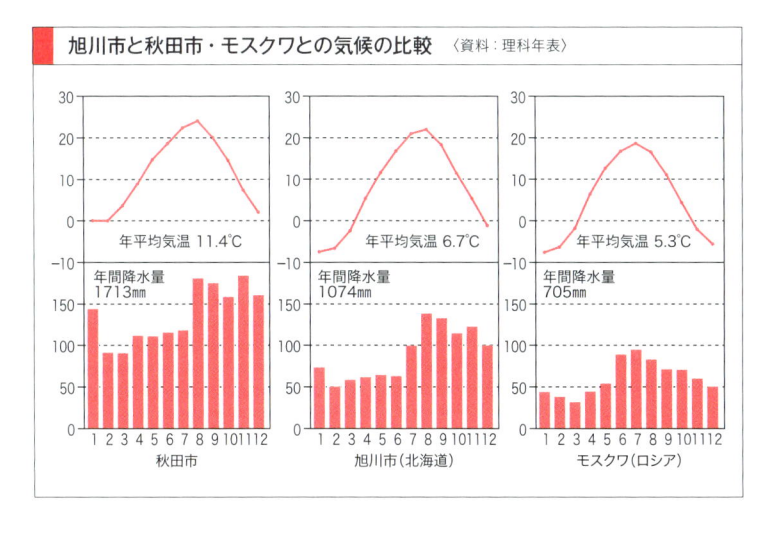

旭川市と秋田市・モスクワとの気候の比較 〈資料：理科年表〉

秋田市　年平均気温 11.4℃　年間降水量 1713mm

旭川市(北海道)　年平均気温 6.7℃　年間降水量 1074mm

モスクワ(ロシア)　年平均気温 5.3℃　年間降水量 705mm

同じ理由で，冬の北海道にはホームレスの人たちも見られない。

「ブラキストン線」ってナニ？

ゴキブリや暴走族以外にも，冷帯の北海道と温帯の本州以南では生息する動物に大きな違いがある。

イギリスの貿易商であり，鳥類研究家でもあった**トーマス・ブラキストン（Thomas Wright Blakiston）**は，北海道の鳥類が本州とは異なっていることに気づき，1883（明治21）年に**津軽海峡**が動物の分布境界線になっていることを指摘した。これが後に「**ブラキストン線**」と呼ばれるようになる。

本州にはツキノワグマが広く生息するが，北海道の熊はそれより大型のヒグマだ。他に北海道に生息する動物として，キタキツネ，エゾジカ，エゾリスなどが知られているが，本州以南に生息するホンドギツネ，ニホンジカ，ニホンリスとは別の亜種である。また，本州以南にはイノシシやニホンザルが広く分布するが，北海道にはサルの仲間やイノシシは生息しない。逆にオオワシ，シマフクロウ，タンチョウなどの鳥類は北海道でしか見られない。

動物学では，津軽海峡のブラキストン線の南側の本州は満州亜区，北側の北海道はシベリア亜区と区分され，北海道の動物は，シベリアから北米にまで広く分布する北方圏の種の仲間とされている。

ブラキストン線と北海道の動物

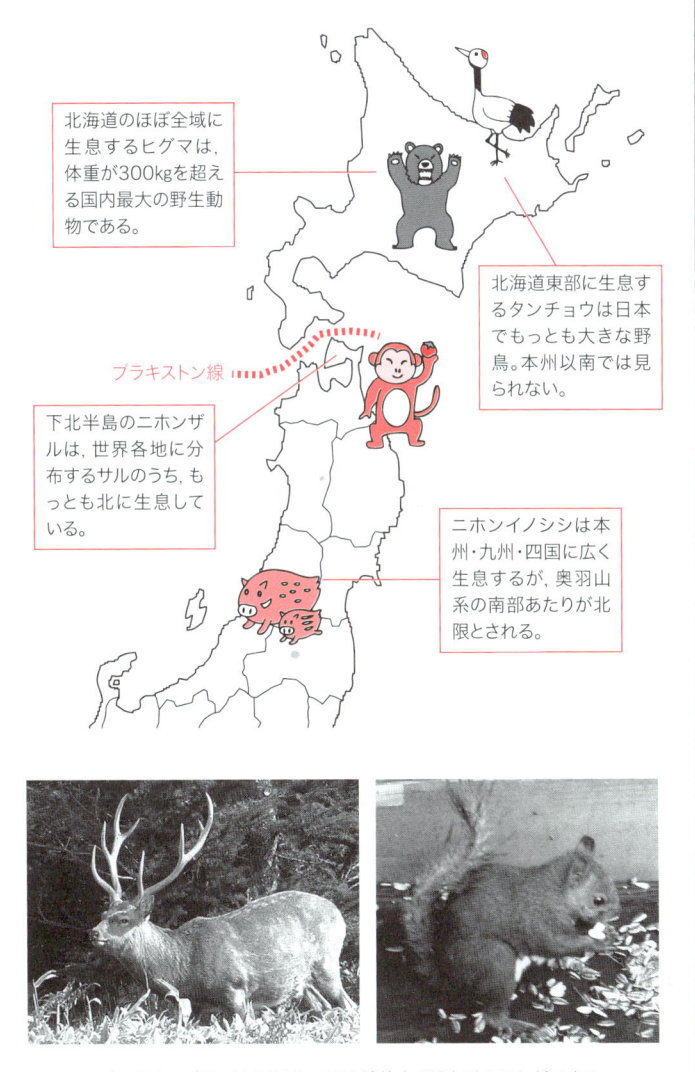

北海道のほぼ全域に生息するヒグマは、体重が300kgを超える国内最大の野生動物である。

北海道東部に生息するタンチョウは日本でもっとも大きな野鳥。本州以南では見られない。

ブラキストン線

下北半島のニホンザルは、世界各地に分布するサルのうち、もっとも北に生息している。

ニホンイノシシは本州・九州・四国に広く生息するが、奥羽山系の南部あたりが北限とされる。

エゾシカやエゾリスは北海道では比較的よく見かけることができる。

6 日本は国土の半分が豪雪地帯ってホント？豪雪地帯の定義とは？

日本には海水浴場のない県が8つあるが、スキー場のない都道府県は5つしかない。四国や九州にも天然雪のスキー場がちゃんとある。沖縄県を除けば、日本全国どこでも雪は降る。

世界一の豪雪国家，日本

　お笑い芸人のビートきよしさんは，山形県内でも豪雪で知られる最上町の出身である。ある番組で「子どもの頃，雪下ろしを手伝いましたか？」と訊ねられたところ，「雪上げをよく手伝った」と答えたという。意外な答えに質問者が「雪上げとは何ですか？」とさらに訊ねると，「雪下ろしは屋根から下に雪を落とすだけだが，最上町は豪雪地帯，雪は屋根と同じくらいの高さまで積もるので，雪はスコップで上に跳ね上げなければならない。雪を上のほうに捨てるので雪上げなのだ」と答えたそうだ。「雪掘り」という言葉もある。雪に埋まってしまった家を文字通り掘り出すのだ。

　冬になると日本は，沖縄以外全国どこでも雪が降る。しかし，降雪量や降雪時期は地域差が大きい。関東以西の太平洋岸では雪が降っても年に数日程度だが，最上町のように年間の積雪日数が100日を超え，屋根が埋まるほど雪の積もる地域もある。

　意外に思う人が多いかもしれないが，日本の国土の約半分，実に約19万km²の地域が豪雪地帯に指定されている。その範囲は，北海道・東北地方のほぼ全域，本州の日本海側，中部地方の山岳地とその周辺に及び，東京から北は平野部を除けばほとんどが豪雪地帯だ。そして，ここに日本の総人口の約15%，2,000万人が

日本の豪雪地帯

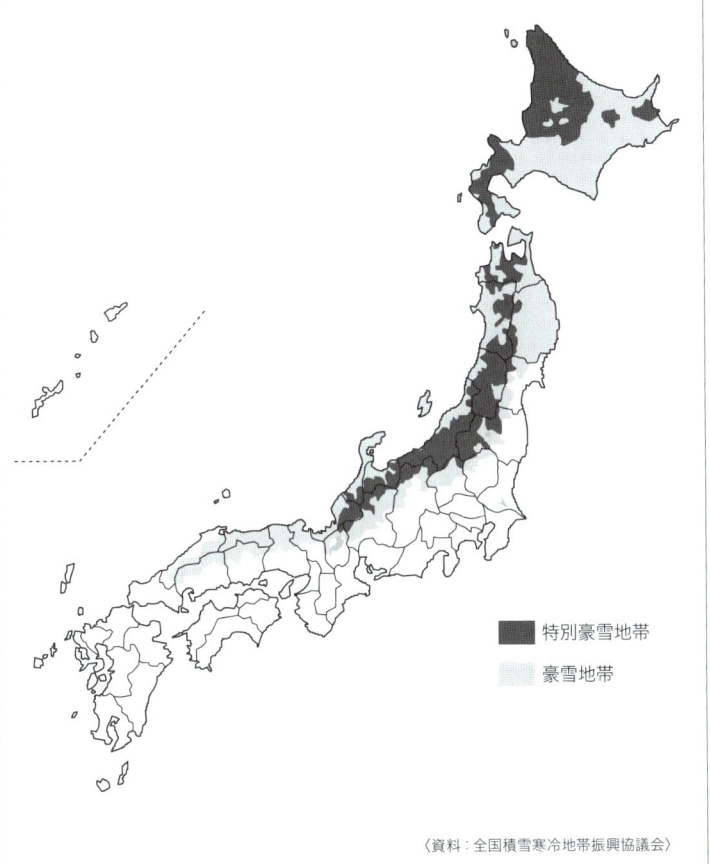

〈資料：全国積雪寒冷地帯振興協議会〉

国土面積（37.8万km²）に占める豪雪地帯の割合

豪雪地帯　19.2万km²（50.7%）	その他 18.6万km²（49.3%）
特別豪雪地帯 7.5万km²（19.8%）	

〈資料：国土交通省〉

第3章　基準・定義が気になる疑問

居住している。

　世界を見ても，積雪量が1m超える豪雪地帯は，人口の希薄な地域を除けば，日本以外では北米ではロッキー山脈西部とエリー湖南岸，ヨーロッパではノルウェーの西部くらいに限られ，人口が100万を超える大都市では，世界で札幌と新潟だけ，豪雪地帯に2,000万もの人々が生活している国は世界でも希有だ。

豪雪地帯ってどんなところ？

　「**豪雪地帯対策特別措置法**」という法律に基づいて，国土交通省は532の市町村を豪雪地帯として指定している。これは全国の市町村の約3割にあたり，24道府県に及ぶ。この法律でいう豪雪地帯とは，「積雪が特にはなはだしいため，産業の発展が停滞的で，かつ，住民の生活水準の向上が阻害されている地域」と定義されている。具体的には，「累年の平均積雪積算値（一冬の累積積雪量）が5,000cm日以上の地域」という基準が示されている。

　さらに，最上町のように「豪雪地帯のうち，積雪の度が特に高く，かつ，積雪により長期間自動車の交通が途絶する等により住民の生活に著しい支障が生じる地域」は**特別豪雪地帯**の指定を受けている。特別豪雪地帯は，国土の約20％の約7.5万km²を占め，201市町村に約320万の人々が生活している。豪雪地帯や特別豪雪地帯に対しては，交通機関やインフラの整備など様々な面で，国や自治体が財政，金融，税制などの支援措置を講じている。

おもな都市の初雪日・終雪日と降雪日数（1980〜2010年平均）

	10月	11月	12月	1月	2月	3月	4月	5月
稚内	10.22			〈142.0〉				5.2
札幌	10.28			〈132.4〉			4.19	
秋田		11.13		〈85.5〉			4.6	
長野		11.21		〈63.4〉			4.6	
金沢		11.29		〈50.0〉		3.28		
東京				1.3 〈4.5〉		3.11		
静岡				1.12	〈0.2〉 2.9			
大阪			12.22	〈1.5〉		3.11		
高松			12.30	〈0.9〉	2.19			
松江			12.5	〈27.1〉		3.21		
宮崎				1.21	〈0.2〉 2.7			

〈資料：理科年表〉

豪雪地帯の電話ボックス

とんがり屋根は積もった雪が自然に滑り落ちるようにするためで、路面との段差は積雪でドアの開閉できなくなるのを防ぐためである。

克雪から利雪・親雪へ

　古くから「雪国」という言葉がある。この表現には一種の郷愁が潜んでいるように感じるが，「豪雪地帯」という表現になると，雪は厄介者のようなマイナスのイメージが先行してしまう。実際，雪国に暮らす人々は雪の障害を克服するため，苦難の中で様々な努力を積み重ねてきた。

　生活を守るため，いかにして雪を克服するか，これを「克雪」というが，「利雪」「親雪」という言葉もある。「利雪」とは雪を利用すること，「親雪」とは雪に親しむことである。昔から，雪国に暮らす人々は雪を「天からの授かりもの」と捉え，雪と共生し，雪を暮らしの中に活かす工夫を続けてきた。

　冬に積もった雪は，春に雪解け水となって大地を潤し，東北地方や北陸地方の平野は日本を代表する穀倉地帯となった。和紙作りや友禅染などの伝統工芸も冬の寒さと雪を活かすことによって生まれた。豊富な水資源から得られる電力や工業用水は，北陸地方にアルミ精錬などの金属工業や機械工業を発展させてきた。

　豪雪地帯の市町村では，近年はどこも利雪や親雪を町おこしや村おこしのキーワードとしている。秋田県横手市の「雪と仲良く暮らす条例」や，北海道倶知安町の「みんなで親しむ雪条例」のように，克雪・利雪・親雪のルール作りをして，雪を資源として産業や観光に積極的に利用する取り組みを進める市町村も多い。

　横手といえば，冬の行事としてかまくら祭りが有名だが，これこそまさに親雪だ。p.30で触れた雪冷房システムなどは，今，注目されている利雪の代表的な事例だ。

7 「信州そば」のそば粉は長野県産だろうか？地域ブランドの定義とは？

食品の虚偽表示事件がしばしばテレビや新聞で報道される。もちろん，だます側が悪いのだが，その背景にあるのは日本人のブランド好き。

　地域ブランドとは，地域名と商品・サービス名を結びつけ，他地域にはない特徴や違いを売り物とするブランド（銘柄）のことで，狭義には，「関さば」「越前がに」「宇治茶」「草加せんべい」「輪島塗」など**特許庁**が認可した**地域団体商標**を指し，広義には食品や工芸品以外にも，郷土料理，史跡・景勝地，祭など対象の幅は広く，「富士山」や「秋葉原」などの地名，「くまモン」などのゆるキャラも含まれ，その概念は広い。

　ブランド商品に対して，消費者はそのブランドならではの価値を期待する。そして，その期待に応えるため，ブランドを管理する地域団体は，ブランドの品質やイメージを維持し，高め，さらに模倣品や偽装表示品からブランドを守るために，近年は，対象商品の認定基準を設けるようになった。

「関さば」と「下関ふく」水産物ブランドの場合

　大分県の特産品「**関さば**」の場合，その定義は「豊後水道で，疑似餌またはゴカイを使って一本釣りされ，**佐賀関**の漁業組合を通して出荷されたもの」となっている。漁場，エサ，漁法，商品管理などすべてにこだわりがあるからこそ，関さばは消費者から最高級ブランドの評価を得ているのである。

　しかし，日本一のふぐのブランド「**下関ふく**」の場合，その定

義は「下関(南風泊市場)で水揚げされ,身欠き処理されたトラフグ」となっており,漁場については定義されていない。下関の近くにも,かつては玄界灘や瀬戸内海などトラフグの好漁場があったが,近年は,東シナ海や黄海,太平洋側の遠州灘がおもな漁場となっている。しかし,これらの漁場で獲れたふぐの多くが,近くの漁港ではなく,下関へ集まってくる。

ふぐは調理の前に必ず毒を持つ内臓を除去する必要があるが,この作業を**身欠き**といい,その資格を持つ調理師が集まり,ふぐの処理・加工技術や実績が集積しているのが下関なのだ。下関以外では,ふぐが獲れても,この身欠きができる環境が整備されていないところが多い。つまり,「下関から出荷されたふぐならば安全・安心でおいしく食べることができる」,これが下関ふくのブランドであり,漁場の定義がないのはそういう理由だ。

また,食品の原材料・原産地などの表示方法を規定した**JAS法**では,水産物の場合は,「漁獲した水域,または水揚げした港の名か水揚げ港が属する都道府県名」を原産地として表示することになっている。下関で水揚げされたふぐは下関産になるのだ。

ちなみに,下関の人たちは,ふぐは不遇,ふくは福につながるということから,ふぐを「ふく」と呼んでいる。

農産物ブランドの場合

特許庁が2006年から導入した**地域団体商標制度**によって認可された地域ブランドは,現在500を超えるが,そのうち野菜,米,果物,茶などの農産物がもっとも多い。そして,それぞれのブランドの認定条件として,「**有田みかん**」は和歌山県有田産,「**嬬恋**

地域ブランドの要件

【水産物の事例】

大黒さんま
北海道大黒島沖で漁獲され，北海道厚岸港に水揚げされたサンマ

大間まぐろ
青森県下北半島大間沖で漁獲されたマグロ

稲取キンメ
日戻り操業の一本釣りで，静岡県稲取漁港に水揚げされた金目鯛

越前がに
福井県沖で漁獲されたオスのズワイガニ

明石鯛
兵庫県明石海峡または明石沖で漁獲されたタイ

すさみケンケン鰹
和歌山県すさみ町においてケンケン漁法により水揚げされたカツオ

【農産物（野菜・米・果物）の事例】

江刺りんご
岩手県奥州市江刺産のリンゴ

魚沼コシヒカリ
新潟県の旧魚沼郡地域（5市2町）で収穫されたコシヒカリBLおよびコシヒカリの米

京の伝統野菜
京都府内で伝統的に生産され，京都府が選定した42種類の野菜。「聖護院かぶ」「九条ネギ」など特に優れたものはブランド京野菜として認証

なると金時
徳島県鳴門市・徳島市・板野郡で生産された金時サツマイモ

高原キャベツ」は群馬県嬬恋産というように，ブランド名となっている地域と産地が一致していることが原則となっている。

しかし，加工食品の場合，たとえば「信州そば」の信州とはそば麺の製造地であって，必ずしも原材料のそばが信州（長野県）産という意味ではない。長野県は全国第4位のそばの産地だが，それでも国内消費量のわずか2％を生産しているにすぎず，県内の多くの製麺業者は原材料を海外からの輸入そばに依存している。加工食品では，ブランド名の地名は加工地の名であって，必ずしも原材料の産地名とは限らない。

畜産物ブランドの場合

松坂牛協議会は，「松阪地方で，肥育期間が最長・最終の黒毛和種の未経産の雌牛」を「松阪牛」として定義している。つまり，出生地が松阪だからではなく，肥育地が松阪だから松阪牛と呼ぶわけである。近年は，半数が宮崎県産で，遠くは北海道産や石垣島（沖縄県）産の松阪牛もいる。JAS法は畜産物の産地を「最も長く育った場所を産地とする」と定義しており，他の多くの畜産物ブランドも，出生地ではなく肥育地とそこで肥育された期間を認定条件としている場合が多い。

ある調査によると「少し高いブランド肉，ノーブランドの安い国産肉，あなたはどちらを買いますか？」という質問に対して，「時々買う」を含めると，約7割の人がブランド肉を買うと回答したという。やはり，日本人はブランドが大好きなのだ。

■ 地域ブランドの要件

【加工食品の事例】

草加せんべい
・草加市とその周辺地区で製造
・関東近県で収穫されたうるち米が原材料
・押し瓦を使った手焼き，それに準ずる製法　　など

小田原蒲鉾
・50年以上の歴史を持つ小田原市の企業が市内で製造
・板付け蒸し蒲鉾であること
・必須アミノ酸の含有量が指定基準をクリア　　など

【畜産物の事例】

飛騨牛
・岐阜県内で14か月以上肥育された黒毛和種の肉牛
・牛枝肉格付けによる肉質等級5〜3等級

神戸ビーフ
・但馬牛（兵庫県産の黒毛和牛）のうち，メスは未経産牛，オスは去勢牛
・可食部分の割合（歩留等級）がA・B等級
・枝肉重量が470kg以下　　など

かごしま黒豚
・鹿児島県内で肥育された純粋バークシャー種
・サツマイモを10〜20%添加した餌で60日以上肥育

【その他の事例】

富士宮焼きそば
・富士宮市内で製麺された蒸し麺を使用
・ラードで炒め，肉かすを加える
・イワシの削り粉（ダシ粉）をふりかける　　など

大分麦焼酎
・大分県内で製造・瓶詰・出荷
・麦麹を使い，原料が麦100%である　　など

8 登山で見かける「○合目」ってどういう意味？

富士登山などでは，七合目，八合目，九合目と続く標識を見つけると，「ここまで登った！　さぁあと一頑張りだ！」と，疲れが癒され，新たな元気が湧いてくるものだ。ところでこの「合目」ってどういう意味？

🗾 「合目」の由来は？

多くの山では，麓の登山口から山頂までの登山道が10分割され，その境界となる場所が「合目」という表現で呼ばれている。麓から登り始めて標高が高くなるにつれ，一合目，二合目と「合目」の数が増え，十合目が山頂だ。

しかし，「合」とは面積や容積の単位であって，決して距離の単位ではない。それなのに，なぜ登山道を「合目」という表現で区分するのだろうか。

次のような説がある。枡に入れた米を逆さに空けたときの形が富士山に似ているので，桝目を用いて一里を一合とした説，米粒をパラパラ落としながら登り，一合なくなったところを「一合目」とした説，夜道の提灯に使う油が一合なくなったところを「一合目」とした説，仏教用語で時間の単位を意味する「劫（こう）」という言葉があるが，登山の苦しさを人生の苦難に見立て，劫の数を「合目」で表したという説などである。

そんな中，『世界山岳百科事典』に記載されている説が非常に興味深い。一合（山麓）から始まって十合（山頂）で終わる合目は，仏教の教義でいう十界にあたり，一合目（地獄道），二合目（餓鬼道），三合目（畜生道），四合目（修羅道），五合目（修験道）までを地界，これより上の六合目（天道），七合目（声聞道），八

合目（縁覚道），九合目（菩薩道），頂上（妙覚）を天界とし，十界を山にあらわして苦修練行をしているという。

🗾 富士山五合目の不思議

「合目」という言葉の由来も謎だが，区分の基準もはっきりしない。距離なのか，高度なのか，それとも所要時間で分割したのだろうか？　しかも，同じ間隔で分割されていない。なぜだろうか？

p.147の図は富士山の登山道のうち，北側からの**吉田ルート**，東側からの**御殿場ルート**，南側からの**富士宮ルート**を表示している。同じ合目でもルートによって標高が異なっている。たとえば，吉田ルートの五合目と富士宮ルートの五合目の標高はほぼ同じだが，御殿場ルートの新五合目は，他の2ルートより約900 mも低い。しかも五合目でありながら吉田ルートの一合目（1,515m）よりも低い1,440 mの標高しかない。実をいうと，この新五合目は，以前は二合目だった場所なのだ。これには次のような事情がある。1960〜70年代，吉田ルートや富士宮ルートでは2,300 m付近の高さまで自動車道が開通し，五合目が富士登山のスタート地点となった。これに対抗し，御殿場側でも自動車道の終点だった二合目を新五合目に格上げしたのである。ちょっと強引な気がする。ただ，本来は二合目だった場所から登るので，御殿場側からの登山は距離も時間も一番ハードなコースである。

また，富士山の登山道には，七合目や八合目以外に新七合目や本八合目，七合五勺などと呼ばれる地点もあって，登山者には紛らわしい。そもそも合目の標識を設置してある地点というのは，

山小屋があったり、眺望のよい場所だったり、登山者にわかりやすい場所が選ばれている。そのため、合目の間隔は等しいわけではなく、かなりアバウトだ。そこで、登山者のために合目の間隔が長くなっている区間の適当な場所や新しく整備された場所に「新〇合目」という地点を設置したわけだ。

五合目が山頂の山

　富士山以外でも、多くの山は登山道が一合目から十合目（山頂）まで区分されている。次ページ下の図は、日本100名山に選定されている伊吹山の事例だが、山頂の標高が1,377 mの山なので、合目の間隔は富士山よりはかなり狭い。

　やはり日本100名山の一つである福島県の磐梯山（ばんだいさん）は、五合目が山頂というちょっと変わった山だ。これには、磐梯山の標高1,816 mが富士山（3,776 m）のほぼ半分なので、日本一の富士山に敬意を表して合目も富士山の半分にしたという説、磐梯山は明治時代の大噴火で山体崩壊を起こしているが、そのときに六合目以上が吹き飛ばされたという説があるが、真相はわからない。

　埼玉県西部の武甲山（ぶこうさん）は、登山道を「合目」ではなく、「丁目」で表示している。登山口の1丁目から山頂の54丁目（現在は52丁目）まで丁目石が置かれており、山を上り下りすると合わせて108丁目になる。これを108の煩悩とし、登山をすることでその煩悩を消すといういわれがある。除夜の鐘と同じだ。

富士山の登山道

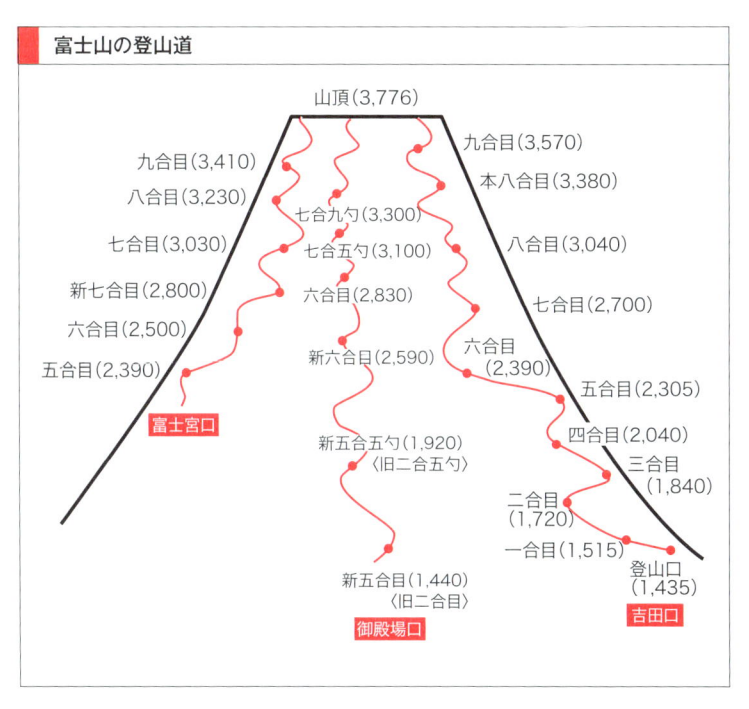

- 山頂(3,776)
- 九合目(3,410)
- 八合目(3,230)
- 七合目(3,030)
- 新七合目(2,800)
- 六合目(2,500)
- 五合目(2,390) 〔富士宮口〕
- 七合九勺(3,300)
- 七合五勺(3,100)
- 六合目(2,830)
- 新六合目(2,590)
- 新五合五勺(1,920)〈旧二合五勺〉
- 新五合目(1,440)〈旧二合目〉 〔御殿場口〕
- 九合目(3,570)
- 本八合目(3,380)
- 八合目(3,040)
- 七合目(2,700)
- 六合目(2,390)
- 五合目(2,305)
- 四合目(2,040)
- 三合目(1,840)
- 二合目(1,720)
- 一合目(1,515)
- 登山口(1,435) 〔吉田口〕

伊吹山(滋賀県)の登山道

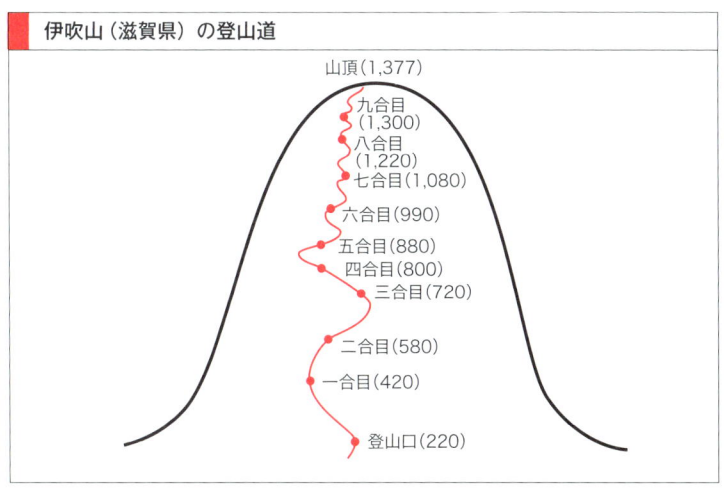

- 山頂(1,377)
- 九合目(1,300)
- 八合目(1,220)
- 七合目(1,080)
- 六合目(990)
- 五合目(880)
- 四合目(800)
- 三合目(720)
- 二合目(580)
- 一合目(420)
- 登山口(220)

9 人口4,000人の市と5万5000人の村,市になる要件とは?

2000年代,ブームとなった「平成の大合併」がようやく一段落した。3200余りあった市町村数は半分近くに減少し,一方で320もの新しい市が誕生した。

市になるメリット

「平成の大合併」は,自治体を広域化することによって行財政基盤を強化し,行政サービスの充実や安定を図ることを目的に,政府が主導した市町村再編政策である。合併特例債というアメ玉と地方交付税の減額というムチによって,全国に「雨後のタケノコ」のごとく新市が誕生したことは周知の通りである。

そもそも「市」になると,町や村とは何が違うのだろうか? 市になると,福祉事務所を設置して,生活保護などの福祉施策を独自に進めることができ,「史跡・名勝・天然記念物の現状変更等の許可」や「商店街振興組合の設立認可」など町村にはない権限が与えられる。首長や議員の選挙では,告示期間が長くなり,選挙運動に使用できるはがきやビラの枚数が多くなる。しかし,そんなことは一般住民には些細なことで,生活にそれほどメリットがあるとは思えない。それよりも,「○○郡○○町」より「○○市」という住所を体裁よく感じたり,住所が市になって不動産価値が上がることを期待したり,そんなことのほうが重要だと思う人が多いように感じる。それも市になるメリットなのだろう。

なお一口に市といっても,人口規模の大きな市は,**政令指定都市・中核市・特例市**などの指定を受けることができる。人口の大きな都市ほど自治の権限が大きくなり,政令指定都市になると

市町村数の変遷

年	市	町	村	合計	備考
1889（明治22）	39	15,820		15,859	市町村制施行
1947（昭和22）	210	1,784	8,511	10,505	地方自治法施行
1953（昭和28）	286	1,966	7,616	9,868	町村合併促進法施行
1956（昭和31）	495	1,870	2,303	4,668	市町村建設促進法施行
1965（昭和40）	560	2,005	827	3,232	合併特例法施行
1999（平成11）	370	1,994	568	3,232	合併特例法改正
2014（平成26）	790	746	183	1,719	

政令指定都市・中核市・特例市の指定の状況

政令指定都市	中核市	特例市
人口50万以上の市	人口30万以上の市	人口20万以上の市
札幌194　仙台107 さいたま124 千葉96　川崎145 横浜370　相模原72 新潟81　静岡71 浜松79　名古屋227 京都147　大阪268 堺84　神戸154 岡山71　広島118 北九州97　福岡151 熊本74 －20市－ 数字は人口（万人） 　　　2013.10.1現在	旭川　函館　青森 盛岡　秋田　郡山 いわき　宇都宮　前橋 高崎　川越　船橋 柏　横須賀　富山 金沢　長野　岐阜 豊田　豊橋　岡崎 大津　豊中　高槻 東大阪　姫路　西宮 尼崎　奈良　和歌山 倉敷　福山　下関 高松　松山　高知 久留米　長崎　大分 宮崎　鹿児島　那覇 －42市－	八戸　山形　水戸 つくば　伊勢崎　太田 川口　所沢　越谷 草加　春日部　熊谷 小田原　大和　平塚 厚木　茅ヶ崎　長岡 上越　福井　甲府 松本　沼津　富士 春日井　一宮　四日市 吹田　枚方　茨木 八尾　寝屋川　岸和田 明石　加古川　宝塚 鳥取　松江　呉 佐世保 －40市－

「区」を設置することができ，都道府県とほぼ同じぐらいの権限と財源を得ることができる。一般市と政令指定都市や中核市との権限の違いは，むしろ一般市と町村との違いよりも大きい。

市になるための要件とは

町村が市に昇格するためにはどのような要件が必要なのだろうか？　地方自治法は次のように定めている。

①人口が**5万人以上**であること。
②中心の市街地が，全戸数の6割以上で形成されていること。
③商工業など都市型の仕事に従事する人とその家族の割合が6割以上であること。
④都道府県条例で定める**都市的施設**などがあり，都市としての要件を具えていること。

5万人以上という人口要件がもっとも重要だが，合併促進のため，3万人に緩和された時期もあった。都市的施設とは，警察署，図書館，銀行，高校，病院などで，具体的な種類や必要数は各都道府県の条例で細かく定められている。しかし，映画館など今や大都市でなければほとんど見られない施設が含まれていたり，幹線道路が舗装されていること，電話の利用が活発であることなど，昭和20年代に定められた項目が今でもそのまま残されている県があるのには失笑してしまう。しかし，老人ホームやケアハウスなどの福祉施設が含まれていないのは笑い事では済まない。

なぜ，人口4,000人の市？

北海道のほぼ真ん中にある**歌志内市**は，人口約4,000人（2014

様々な日本一の市区町村

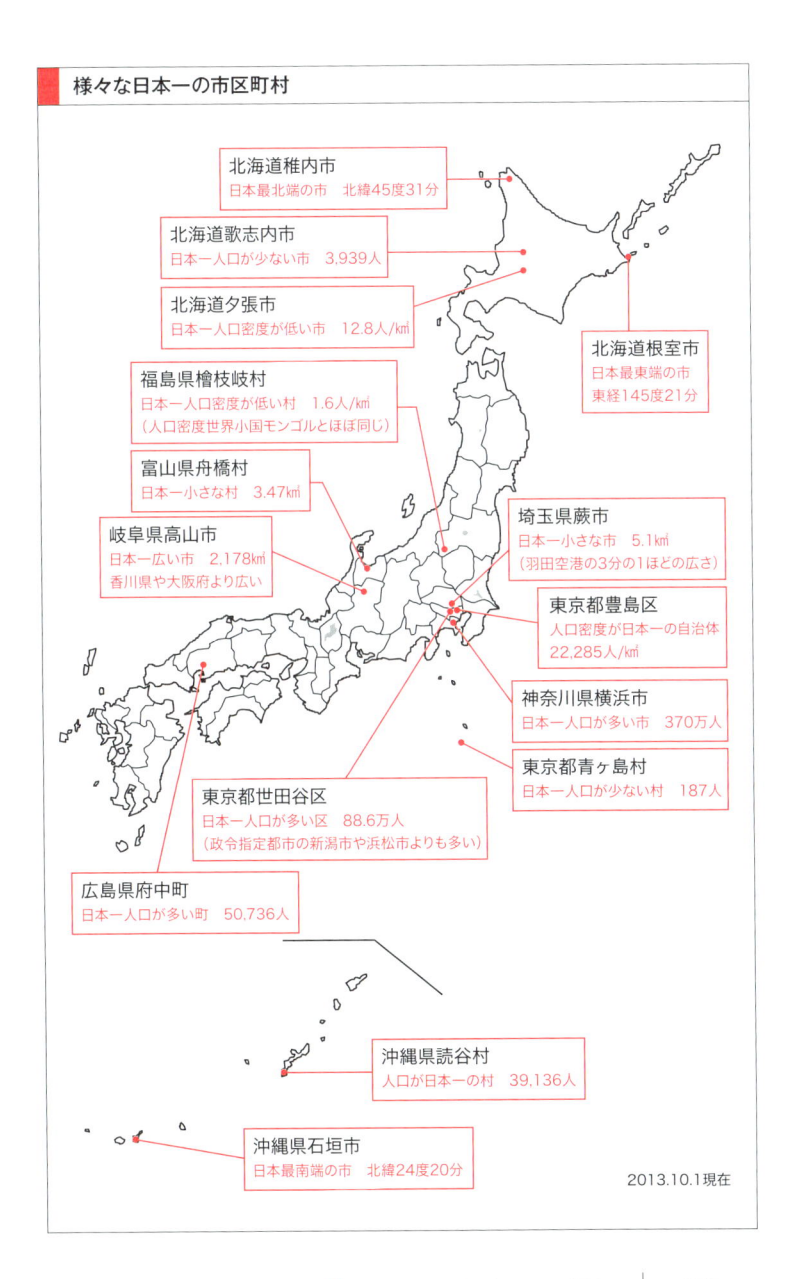

北海道稚内市
日本最北端の市　北緯45度31分

北海道歌志内市
日本一人口が少ない市　3,939人

北海道夕張市
日本一人口密度が低い市　12.8人/k㎡

北海道根室市
日本最東端の市
東経145度21分

福島県檜枝岐村
日本一人口密度が低い村　1.6人/k㎡
（人口密度世界小国モンゴルとほぼ同じ）

富山県舟橋村
日本一小さな村　3.47k㎡

岐阜県高山市
日本一広い市　2,178k㎡
香川県や大阪府より広い

埼玉県蕨市
日本一小さな市　5.1k㎡
（羽田空港の3分の1ほどの広さ）

東京都豊島区
人口密度が日本一の自治体
22,285人/k㎡

神奈川県横浜市
日本一人口が多い市　370万人

東京都青ヶ島村
日本一人口が少ない村　187人

東京都世田谷区
日本一人口が多い区　88.6万人
（政令指定都市の新潟市や浜松市よりも多い）

広島県府中町
日本一人口が多い町　50,736人

沖縄県読谷村
人口が日本一の村　39,136人

沖縄県石垣市
日本最南端の市　北緯24度20分

2013.10.1現在

年)，日本で最少の市である。歌志内は明治中頃から石炭の採掘で栄え，人口もかつてはもっと多かった。終戦後の石炭ブームに沸きかえった1948 (昭和23) 年には人口が4万6000人に達し，1958年 (昭和33) に市町村建設促進法の恩恵を受け，市制を施行した。

しかし，その後は石炭産業が斜陽化し，市内の炭坑は相次いで閉山，それにともなって人口も減少の一途をたどり，1981年には1万人を切り，2013年にはついに4,000人を割り込んだ。人口が少ない市のランキングを見ると，歌志内市に続いて三笠市・夕張市・赤平市と続くがいずれも道央のかつての炭鉱都市である。

人口が減少しても市から町への降格はないのかという疑問が生じる。しかし，前述の市になるための要件は市制施行のときには精査されるが，市の存続要件ではなく，市から町へ降格になった事例はない。

その逆に，市になる要件を満たす人口があっても，なかなか市にならないケースもある。岩手県滝沢村は県都盛岡市のベッドタウンとして人口増加を続け，2000 (平成12) 年には，すでに人口が5万人を突破していたが，市どころかずっと村のままであった。住民は市になることよりも「日本一の村」を誇りに思っていたのだ。その滝沢村も2014 (平成26) 年，めでたく滝沢市となったが，人口ランキングは全国790市中いきなりの489位である。

広島県の府中町も人口が5万を超え，市になる要件を満たしているが，日本にはすでに府中市が2つもあり，今後が気になる。

10 東京行き下り電車の不思議，鉄道の上りと下りの定義とは？

東京駅方向に向かう列車が上りでその逆が下り，多くの人はそう思っている。しかし，東京行きの下り電車が走っている路線があるという。

　かつてJRの前身である国鉄には，「路線は，東京駅に近い方の駅を**起点**，遠い方を**終点**，列車は，起点駅方面から終点駅方面に向かって運転する列車を**下り**，終点駅方面から起点駅方面に向かう列車を**上り**とする」という原則があった。

　たとえば東海道本線の場合は，起点が東京で終点が神戸なので，東京から離れた大阪からでも東京方向の京都方面へ向かう電車が上り，逆の神戸方面へ向かう電車が下りである。しかし，中央本線の場合，東京が起点で名古屋が終点なので，名古屋方面へ向かう電車が下りになるはずだが，塩尻－名古屋間では，名古屋行きが上り，名古屋発が下りになっている。各地の鉄道には原則通りにはならないそれぞれの事情がある。

🎵 首都圏の鉄道事情

　武蔵野線の府中本町を発駅として西船橋を経由し，**京葉線**を通って東京へ向かう電車がある。武蔵野線は，東海道本線と接続する鶴見駅を起点，西船橋駅を終点とする路線なので，西船橋方面へ向かう電車が下り，つまり，この電車は武蔵野線区間では「府中本町発東京行き下り」ということになる。当然，逆方向に走行する「東京発府中本町行き上り」という電車もある。

　山手線や京浜東北線の場合は，東京駅といっても始発や終着の

第**3**章　基準・定義が気になる疑問　　153

駅ではなく，途中駅の一つにすぎない。この場合もややこしい。

まず，**山手線**の場合。山手線を環状路線と思っている人が多いが，正確には東京－品川間は東海道本線，品川－新宿－田端間が山手線，田端－東京間は東北本線である。したがって，東京駅を出発した電車は，品川・新宿・池袋を経由し，田端までが下り，田端から上野を経由し，東京までが上りということになる。これだと同じ電車が上りになったり下りになったりで，利用者が混乱してしまう。そこで山手線では上り・下りの表現を用いず，**外回り・内回り**という呼び方を採用している。**大阪環状線**も外回り・内回りだ。

横浜－東京－大宮間を走る**京浜東北線**の場合は，大宮方面行きを**北行き**，横浜方面行きを**南行き**と呼ぶ。東京駅は通らないが，都心を通って千葉方面と三鷹方面を結ぶ**総武線・中央線**の直通列車は，千葉方面行きを**東行き**，三鷹方面行きを**西行き**と呼ぶ。

それでも大船－成田空港間を走る「**成田エクスプレス**」のように，大船から東京までは上りだが，東京駅を出ると下りになる電車もある。上り下りの原則にはいろいろと例外が多い。

🎵 私鉄の場合

日本民有鉄道協会では，「都市郊外と都市部を結ぶ鉄道において，おもに都市方面に向かう電車を上り，郊外へ向かう電車を下りと表現する」と定義している。首都圏の私鉄も，東京から郊外へ向かう電車が下り，その逆が上りである。

関西の私鉄も，大阪市内のターミナル駅が起点のため，基本は大阪発が下り，逆が上りである。しかし，上り下りを東京中心に

「府中本町発東京行き」電車の走行路線

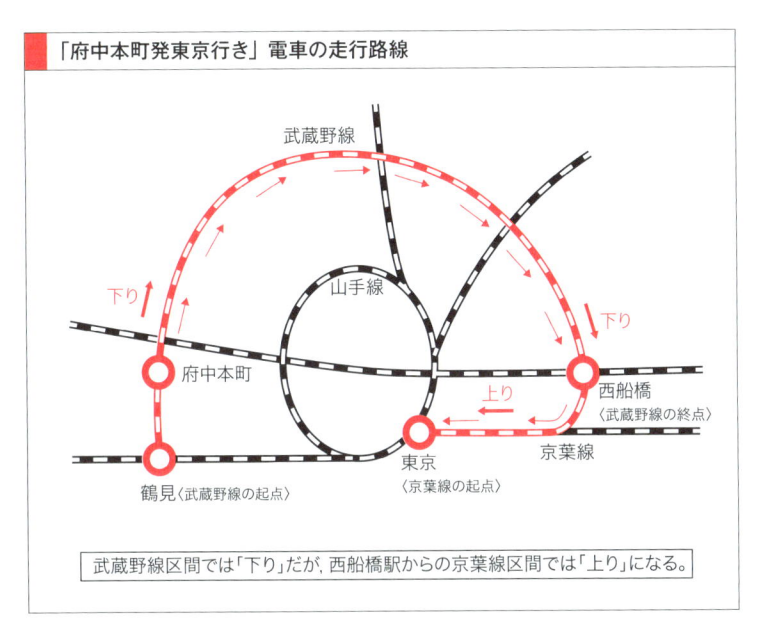

武蔵野線

下り

府中本町

山手線

下り

西船橋〈武蔵野線の終点〉

上り

京葉線

鶴見〈武蔵野線の起点〉

東京〈京葉線の起点〉

武蔵野線区間では「下り」だが、西船橋駅からの京葉線区間では「上り」になる。

「山手線」「京浜東北線」「総武・中央線直通」の進向表示

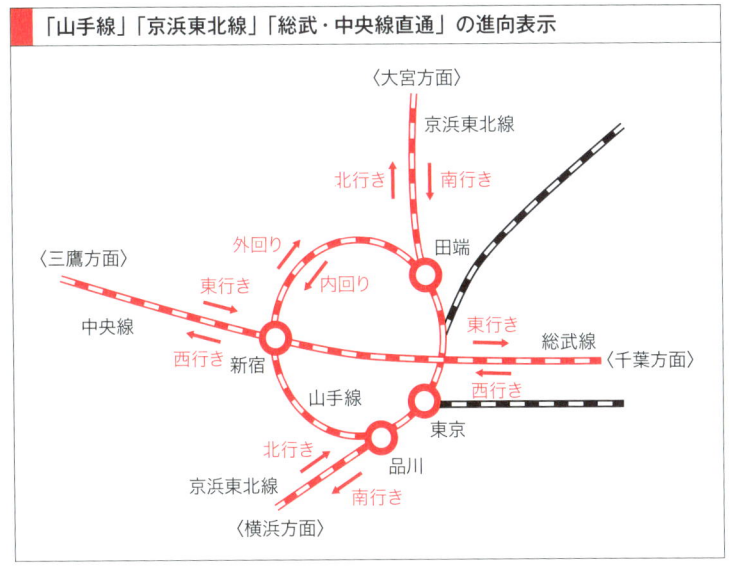

〈大宮方面〉

京浜東北線

北行き　南行き

〈三鷹方面〉

外回り

田端

東行き

内回り

中央線

東行き　総武線　〈千葉方面〉

西行き　新宿

西行き

山手線

東京

北行き

品川

京浜東北線

南行き

〈横浜方面〉

第3章　基準・定義が気になる疑問

決めているJR線が，同じ区間を走行していると紛らわしくなる。

たとえば，**近鉄奈良線**の難波発奈良行きは下りだが，JR関西本線の難波発奈良行きは上りである。関西本線は東京に近い名古屋が起点で，大阪市内の難波が終点になるためだ。

しかし，大阪－京都間に路線を持つ**阪急**と**京阪**は，JR**東海道本線**に準じて大阪方面行きが下り，京都方面行きが上りである。

名古屋市内を起点とする**名鉄**も，原則は名古屋から郊外へ向かう場合が下りだが，JR東海道本線と並行する名古屋－豊橋間だけは，名古屋から豊橋方面行きが上りである。

地下鉄の場合

大阪の**地下鉄**は，路線がほぼ碁盤目状になっており，南北の路線では北行きを上り，南行きを下り，東西の路線では西行きを上り，東行きを下りと呼んでいる。

しかし，**東京の地下鉄**はあまりにも路線が複雑すぎて，特定の駅や方向を基準に上り・下りを決めるのは不可能だ。そこで，建設時にトンネルを掘り進めた方向を**A線**，その逆を**B線**と表現している。ただし，一般には代表的な駅名を使って銀座方面とか日本橋方面と呼んでいる。

名古屋の地下鉄は，トンネルを掘り進めた方向を上り，その逆を下りと呼んでいる。ただ，環状路線である名城線だけは**右回り・左回り**の呼び方をしている。

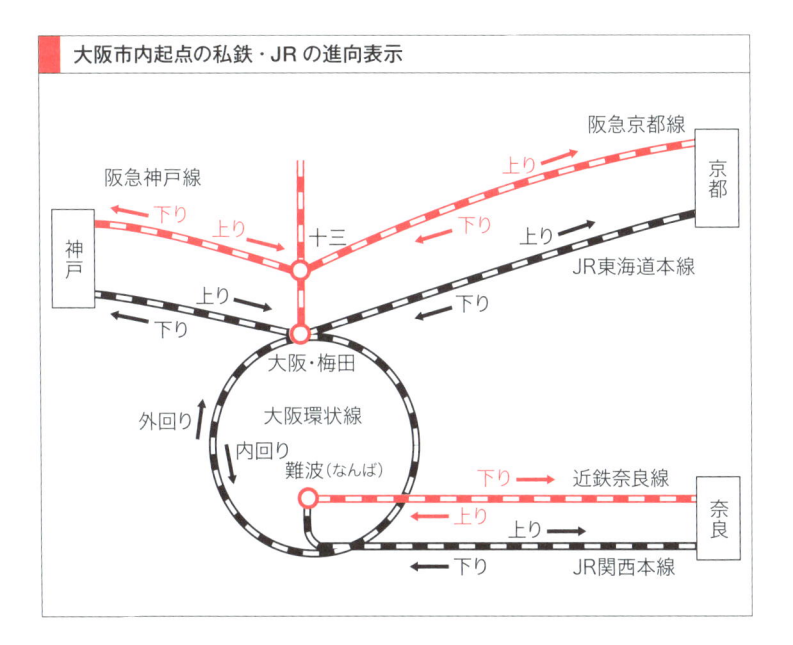

大阪市内起点の私鉄・JRの進向表示

阪急京都線
阪急神戸線
上り
下り　上り　十三　下り
神戸　上り　　　　　　　下り　JR東海道本線
下り
京都
大阪・梅田
外回り　大阪環状線
内回り
難波（なんば）　下り　近鉄奈良線
上り
上り　奈良
下り　JR関西本線

阪急の複複々線（三複線）

阪急の梅田－十三間は私鉄では唯一の6線の軌道がある複複々線である。左から「神戸三宮」行き（下り）、「宝塚」行き（下り）、「京都河原町」行き（上り）の電車が並行して走っているが、この区間では上りと下り電車が並んで同方向に走っている。

11 なぜ富士山は自然遺産ではなく文化遺産なの？世界遺産の基準とは？

「世界遺産」と言葉をよく聞くけれど，そもそも世界遺産って何なの？誰が，どういう基準で決めているの？

2013年，**富士山**が国内で17番目の「**世界遺産**」に登録された。

世界遺産は「**文化遺産**」「**自然遺産**」「**複合遺産**」に分類されるが，富士山が登録されたのは「自然遺産」ではなく，「文化遺産」だと聞いて「あれっ！どうして？」と思われた方が多いのではないかと思う。実際，富士山は世界遺産として25の資産で構成されているが，その項目を見てみると，神社の多さが目立ち，富士を代表する自然景観である青木ヶ原樹海や西湖・本栖湖などの名は25の資産の項目には見あたらない。

実は，当初は富士山も自然遺産としての登録を目指していた。しかし，ここでネックとなったのは，し尿処理やゴミ投棄など環境問題だった。数年前まで山小屋のし尿は垂れ流され，山肌にはゴミが散乱，富士山を視察したユネスコの委員が絶句したという話もある。さらに，富士山周辺は自動車道や観光施設などの開発が進み，自然が十分に保全されていないことも指摘された。

また，富士山は日本を象徴する美しい山だが，このような円錐形の成層火山が世界には複数あることもマイナス要素だった。

そこで，地元は自然遺産ではなく，「**信仰の対象と芸術の源泉**」をテーマに掲げ，文化遺産として申請することに戦略を転換した。

古来，多様な信仰の対象として崇められてきた霊峰富士，万葉集に詠まれ，葛飾北斎や歌川広重により浮世絵に描かれ，日本の

世界遺産の基礎知識

【世界遺産とは】

人間の手ではつくれない自然，人類の歴史によって生み出された建造物や史跡などのうち，とくに貴重なものを人類共通の遺産として未来の世代へ引き継いでいこうという考えから，世界の国々は「世界遺産条約」を採択し，世界遺産委員会で「世界遺産」として選定した。

【3種類の世界遺産】

文化遺産

顕著な普遍的価値を有する記念物，建造物群，遺跡，文化的景観など

自然遺産

顕著な普遍的価値を有する地形や地質，生態系，絶滅のおそれのある動植物の生息・生育地など

複合遺産

文化遺産と自然遺産の両方の価値を兼ね備えているもの

【世界遺産リストに登録されるまで】

①推薦
　条約締結国が候補地を世界遺産委員会に推薦

②調査
　世界遺産委員会の専門機関が候補地を調査

③審議
　年1回開催される世界遺産委員会において「世界遺産リスト」への登録の可否を決定

芸術・文化を育んだ富士山をアピールしたのである。

　実は日本でこれまで登録された世界遺産のほとんどは文化遺産だ。自然遺産は「白神山地」「屋久島」「知床」「小笠原諸島」の4か所だけである。これらの地域は観光開発がされず，自然が保たれていることが評価を受けた。

　太古の原生林が残る**屋久島**は決して観光地ではなかった。しかし，登録後は一気に人気が上昇し，年間30万人もの観光客が押し寄せるようになった。今，島内では富士山と同様にし尿処理や自然破壊が問題化し，環境の悪化が懸念されている。

　世界遺産は登録されると「万事めでたし！」で終わるわけではない。世界遺産の原点は，かけがえのない遺産を未来へ引く継ぐことであり，それらの保護・保全を決して怠ってはならない。

　なお，富士山と同時登録を目指した**鎌倉**は落選してしまった。鎌倉のテーマは「武家の古都・鎌倉」だが，その物的証拠が不十分と判断されたのだ。意外なことに，鎌倉市内には鎌倉時代の建造物が一つも現存していない。鎌倉にある唯一の国宝建造物である円覚寺舎利殿は，室町初期の建築，しかも室町末期に他から移築されたものである。あの「鎌倉の大仏様」は鎌倉時代の作で国宝なのだが，建造物ではなく仏像である。世界遺産の対象とされるのは，建造物や遺跡などの不動産であり，仏像や絵画，書物などは登録対象にはならないのだ。

　2014年には「富岡製糸場と絹産業遺跡群」が国内で18番目の世界遺産に登録された。国内にはまだ多くの世界遺産候補地があるが，観光目的の町おこしであってはならない。世界遺産本来の主旨を大事にしたい。

日本の世界遺産

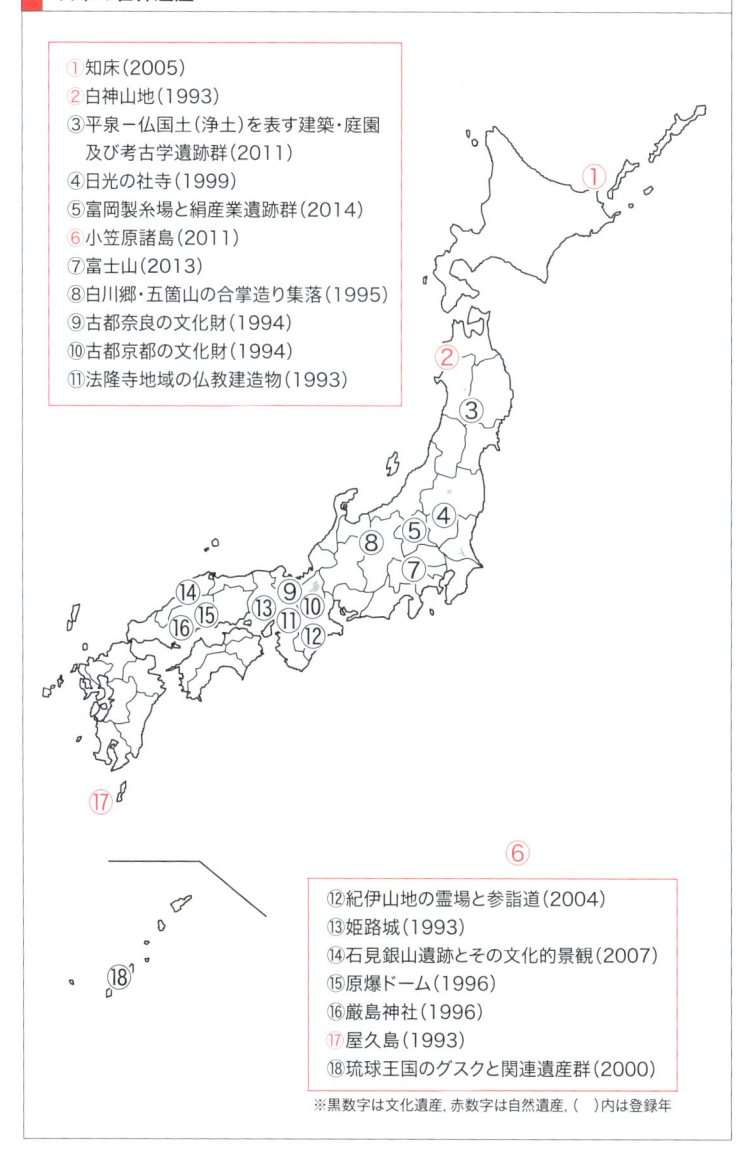

① 知床(2005)
② 白神山地(1993)
③ 平泉－仏国土(浄土)を表す建築・庭園及び考古学遺跡群(2011)
④ 日光の社寺(1999)
⑤ 富岡製糸場と絹産業遺跡群(2014)
⑥ 小笠原諸島(2011)
⑦ 富士山(2013)
⑧ 白川郷・五箇山の合掌造り集落(1995)
⑨ 古都奈良の文化財(1994)
⑩ 古都京都の文化財(1994)
⑪ 法隆寺地域の仏教建造物(1993)
⑫ 紀伊山地の霊場と参詣道(2004)
⑬ 姫路城(1993)
⑭ 石見銀山遺跡とその文化的景観(2007)
⑮ 原爆ドーム(1996)
⑯ 厳島神社(1996)
⑰ 屋久島(1993)
⑱ 琉球王国のグスクと関連遺産群(2000)

※黒数字は文化遺産,赤数字は自然遺産,(　)内は登録年

第❸章　基準・定義が気になる疑問

12 どっちが暑い？真夏日と猛暑日の基準とは

真夏日と猛暑日，テレビの天気予報ではしばしば耳にする言葉だが…

　一日の暑さを表す気象用語として**真夏日**は以前から使われているが，2007年，気象庁は新たに**猛暑日**を制定した。真夏日や猛暑日の暑さの基準は次のように規定されている。

　夏日　　一日の最高気温が25℃以上の日
　真夏日　一日の最高気温が30℃以上の日
　猛暑日　一日の最高気温が35℃以上の日
　熱帯夜　夕方から翌朝までの最低気温が25℃以上の日
　冬日　　一日の最低気温が0℃未満の日
　真冬日　一日の最高気温が0℃未満の日

　年間（2010〜13年平均）での**猛暑日**の回数がもっとも多かったのは群馬県館林市で32.0日，2007年に当時の国内最高気温40.9℃を記録した岐阜県多治見市の30.8日，埼玉県熊谷市の30.5日がこれに続く。この3市の共通点は**フェーン現象**（p.96参照）が起こりやすい内陸にあることだ。右ページ上の表のあとの7市もやはり内陸にあり，猛暑日は北海道でも，内陸の帯広市はほぼ毎年，札幌市でもしばしば記録されている。

　真夏日の回数が多いのは亜熱帯の沖縄県で，ランキング上位は沖縄県内の観測地が占めている。しかし，真夏日すなわち30℃を超える日数が多ければ当然35℃を超える猛暑日の日数も増えるものと思いがちだが，右ページ下の表の沖縄県内の観測地では

主要観測地の猛暑日・真夏日の年間日数（2010～13年平均）

猛暑日〈一日最高気温35℃以上〉	
館林　　（群馬）	32.0日
多治見　（岐阜）	30.8日
熊谷　　（埼玉）	30.5日
豊岡　　（兵庫）	29.3日
鳩山　　（埼玉）	28.8日
伊勢崎　（群馬）	28.3日
甲府　　（山梨）	28.0日
日田　　（大分）	27.8日
京都　　（京都）	26.8日
枚方　　（大阪）	26.3日

真夏日〈一日最高気温30℃以上〉	
石垣島　　（沖縄）	114.5日
波照間島　（沖縄）	114.5日
南大東島　（沖縄）	103.0日
西表島　　（沖縄）	100.3日
宮古島　　（沖縄）	99.5日
那覇　　　（沖縄）	99.3日
与論島　　（鹿児島）	95.0日
多治見　　（岐阜）	88.8日
京都　　　（京都）	83.3日
鹿児島　　（鹿児島）	80.8日

〈資料：気象庁〉

主要都道府県庁所在地の猛暑日・真夏日等の日数（2013年）

観測地	猛暑日	真夏日	夏日	熱帯夜	冬日	真冬日
札幌	0日	9日	0日	0日	114日	53日
青森	0日	19日	0日	1日	105日	22日
仙台	1日	21日	1日	5日	68日	2日
東京	12日	58日	19日	39日	6日	0日
長野	5日	48日	0日	0日	110日	4日
甲府	31日	88日	8日	14日	82日	0日
静岡	3日	62日	7日	25日	9日	0日
名古屋	27日	88日	11日	9日	28日	0日
京都	30日	92日	21日	31日	22日	0日
大阪	23日	88日	21日	47日	4日	0日
鳥取	17日	78日	6日	15日	27日	0日
高松	29日	84日	27日	42日	15日	0日
福岡	23日	77日	41日	57日	0日	0日
鹿児島	28日	98日	29日	66日	0日	0日
那覇	0日	119日	16日	120日	0日	0日

※赤字は全国的に上位となる記録　　〈資料：気象庁〉

意外にもこの数年間1日も猛暑日が記録されていない。那覇市の過去の最高気温は2001年に観測された35.6℃だが、これは札幌市の最高気温36.2℃よりも低く、実は那覇市は全国の47都道府県庁所在地のうちもっとも最高気温が低い都市である。沖縄県では気温が35℃を超えることは滅多にない。これは沖縄の島々が四囲を海に囲まれているために海風の影響を強く受けるからである。

東京の猛暑日は年間8.8日、決して多い回数ではないが、夜間でも気温が25℃を下回らない**熱帯夜**の日数は年間48.3日、東日本ではダントツの1位だ。2013年には翌朝まで気温が30℃を下回らないという全国で唯一の超熱帯夜30.4℃を記録している。西日本でも大阪の49日、神戸の56.5、福岡の51.3日など大都市では熱帯夜が多い。これは人工排熱などが原因となって都市部の気温が周辺地域よりも高くなるいわゆる**ヒートアイランド現象**の影響と考えられる。

なお、一日中気温が0℃を超えることがない**真冬日**は、北海道白滝の年間102.3日がもっとも多く、主要都市では旭川市が77.5日、札幌市が52.3日、青森市22.3日である。本州以南では山間部や高地を除けば真冬日は少なく、仙台市や新潟市でも年間1日ほどだ。九州では**冬日**すらほとんどなく、沖縄県那覇市では大正時代に観測された6.3℃が、今なお公式の最低気温である。

第4章

原因・理由が
気になる疑問

1 日本の標準時子午線が明石市を通る東経135度になったワケ

子午線には，日本列島のほぼ中心線であり，首都東京付近を通る東経140度を採用するほうが国民生活に都合がよくはないのだろうか？

東経135度が標準時子午線になった経緯とは

ロシアやアメリカのような広大な国ならばともかく，明治初期には日本国内でも時差があったという。時計が普及していなかった当時は，正午になると大砲を撃ち放ち（その音から「ドン」と呼ばれていた），人々に時刻を知らせていた。しかし，時刻を決める基点である太陽の南中時は，東の地方ほど早く，西の地方ほど遅いため，ドンの時刻は全国一斉ではなかった。つまり，中央集権体制が進む中，なんと国内の時刻が統一されていなかったのだ。そのため，文明開化の象徴でもある鉄道も，当初は，東京は東京時刻，大阪は大阪時刻で列車が運行されていたという。

時刻の統一，すなわち日本で標準時が定められたのは1888（明治21）年のことである。その4年前，アメリカで日時の国際基準を定める国際子午線会議が開かれ，イギリスの**グリニッジ天文台**を通る経線を0度とし，世界の時刻の基準となる**本初子午線**が決められた。この会議を受けて，日本は**東経135度線**を日本の**標準時子午線**に決定し，ようやく国内の時刻が統一されたのである。

子午線を135度線に決めたのは，135がちょうど15で割り切れる数字だからである。地球は24時間で一回転するので1時間では24分の1回転，つまり，地球全周360度の24分の1の15

本初子午線と日本標準時子午線

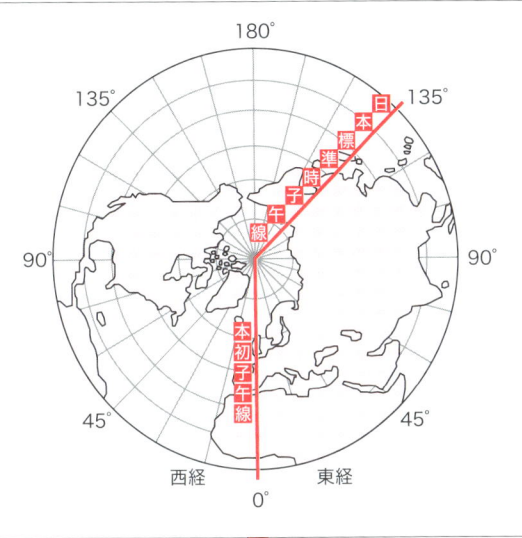

子午線が通る自治体

山陽電鉄「人丸前」駅ホームに描かれた東経135度線と明石市天文科学館

度ごとに1時間の時差が生まれる。標準時子午線に15度の倍数となる経線を採用すると、世界各地との時差の計算が簡単なのである。

たとえば、東経135度の場合、日本とイギリスの時差は135÷15なのでちょうど9時間。しかし、もし子午線を東京近郊を通る140度にすると、140÷15となって割り切れず、9時間20分と中途半端な時差になってしまう。

子午線のまち「明石市」

ところで、東経135度線が**明石市**を通っていることはよく知られている。しかし、135度線は明石市だけではなく、神戸市など3府県の12市を通っている。西脇市は、東経135度線とさらに北緯35度線が交わっていることから、「日本のへそ」とも呼ばれている。それなのに、なぜ、135度といえば明石市なのだろうか。

北は日本海に面した京丹後市（京都府）から南は和歌山市の友が島まで、東経135度の子午線に沿って、今では50か所以上の場所に子午線を示す標識が設置されている。しかし、子午線通過地点に標識を建てることを最初に計画したのは、明治時代、当時の明石郡の小学校長会だった。1910（明治43）年、参謀本部の測量地図に基づいて、郡内の2か所に高さ2.7mほどの「大日本中央標準時子午線通過地識標」などと刻んだ花崗岩製の碑を建てたのがその最初である。どちらも現存している。

1960年には明石市天文科学館が開設された。地上54mの展望塔は、山陽本線の電車や明石海峡を航行する船からも望むことができるが、この塔は日本標準時子午線の標識も兼ねている。

2 有馬温泉や道後温泉, 近くに火山がないのに温泉が湧出するワケ

47都道府県のうち温泉のない県は一つもなく, 1000万都市東京の真ん中にも温泉が湧く。温泉って火山がなくても湧き出るのだろうか?

火山性温泉と非火山性温泉

温泉法によると, 温泉とは「地中から湧出する温水や鉱水などで, 源泉温度が25度以上, または指定された成分を1種類以上含んでいるもの」と定義されている。

温泉は, 北海道から九州・沖縄まで全国どこでも見られるが, やはり火山の近くに多く分布している。これらの地域に見られるのは**火山性の温泉**で, 登別（北海道）, 草津（群馬県）, 箱根（神奈川県）, 熱海（静岡県）, 別府（大分県）など古くから多くの人々に利用されている温泉が多い。火山性の温泉は地下のマグマを熱源とし, 源泉温度が高いことや泉質の多様さが特徴である。

しかし, 火山のない地域にも温泉は湧く。日本三古湯として知られる有馬（兵庫県）, 白浜（和歌山県）, 道後（愛媛県）は, 日本書紀にも登場する由緒ある温泉だが, 近くに火山がまったくない**非火山性の温泉**だ。しかも, 有馬には98度, 白浜にも86度という高温の源泉がある。火山帯でもないのに, なぜこのような高温の湯が湧出するのだろうか。

非火山性の高温泉の熱源については長く謎とされてきたが, 近年の研究では, 日本列島の地下に潜り込んだ海洋プレートに起因することが明らかになっている。地下100〜150km付近ではプレートと地殻の境界部でマグマが生成されることはすでに p.124

で述べたが、地下40〜100kmという浅い部分では、マグマは生成されないものの、高い地圧によってプレートの岩石から脱水が起こり、高温の熱水が発生する。高温水は比重が軽いため、断層などの割れ目に沿って上昇し、割れ目が地上まで通じている箇所に温泉として湧出するのである。火山のない地域でも、古くから人々に親しまれている多くの温泉があるのはそのようなわけだ。

大深度温泉とは

2003（平成15）年、東京お台場に温泉テーマパークがオープンし、年間120万人を超える利用者で賑わっている。この温泉は1,400mの地底から35度の温水を毎分240リットル汲み上げている。

一般に地下の温度は100m深くなるごとに約3度上昇するといわれ、今、各地に**大深度温泉**が増えている。地下1,000mくらいは当たり前で、2,000mを超える地下から湯を汲み上げている温泉も珍しくない。当然、深く掘れば掘るほどコストはかかるが、最近は掘削技術の進歩により、1mあたりの掘削費用は約5〜7万円、さらに事前には地質調査も行うため、掘削の成功率はかなり高いそうだ。

近年、海外旅行者数は増加しているが、その反面、熱海や別府など全国の老舗温泉地では宿泊者が減少しているという。しかし、一方では大都市近郊の日帰り温泉施設が増えており、また、秘湯と呼ばれる地方のひなびた温泉地が静かなブームを呼んでいる。日本人は温泉好きで知られるが、温泉も多様化の時代のようだ。

日本各地のおもな温泉

稚内温泉
日本最北の温泉

定山渓温泉
年間250万人が利用する「札幌の奥座敷」

登別温泉
泉質が豊富で温泉のデパートと呼ばれる北海道を代表する温泉

六ヶ所温泉
2,714mの地下に源泉がある日本一の大深度温泉

草津温泉
日本三名泉の一つ。湧出量は日本一 人気温泉ランキングで全国No.1

乳頭温泉
乳白色の湯が特色。東北で人気No.1

みくりが池温泉
標高2,430mの日本一高所にある温泉

下呂温泉
三名泉の一つ。中部で人気No.1

蔵王温泉
日本最大のスキー場がある

玉造温泉
出雲大社に近く、山陰で人気No.1

大江戸温泉物語
年間利用者120万人の都心の温泉

箱根温泉郷
宿泊施設がもっとも多い温泉地

道後温泉
日本三古泉。「坊ちゃん」で知られる四国No.1の温泉

長島温泉
敷地面積5,200坪の日本最大の露天風呂施設がある

有馬温泉
三名泉の一つ。関西の奥座敷と呼ばれる

別府温泉
源泉数が世界一の温泉。年間観光客は1,000万人

白浜温泉
日本三古泉。西日本最大のマリンリゾート

由布院温泉
西日本で人気No.1の温泉

指宿温泉
海岸の「砂風呂」が人気

小浜温泉
源泉温度が103度。日本一熱い温泉

> 日本には約3,100の温泉があり、最多は北海道の244か所、最少は沖縄県の4か所である。温泉施設数では静岡県の2,352か所が第1位だ。また、日本人は年間1人あたり1.1回はどこかの温泉地に宿泊している。

第4章 原因・理由が気になる疑問

3 「魚沼産コシヒカリ」が日本一の銘柄米になったワケ

通常の銘柄米の価格は5kg3,000〜5,000円が相場だが、「魚沼産コシヒカリ」になると5,000円クラスは当たり前、1万円超えも珍しくない。

♪ お米の王様「コシヒカリ」

「当店は魚沼産の**コシヒカリ**を使用しています」

このような幟旗や看板を掲げている和食店や弁当屋を見かけることがある。コシヒカリの使用をアピールするこの表示があるのとないのでは、店の売り上げが大きく違うという。

最近は米を購入する際に、銘柄にこだわる消費者が増えているが、やはり、コシヒカリがダントツの人気だ。コシヒカリは「お米の王様」と呼ばれ、2012年の品種別作付面積でも37.5％と群を抜いて1位であり、2位以下9位まで**ひとめぼれ**、**ヒノヒカリ**、**あきたこまち**などコシヒカリ系の交配品種が続く。

日本人の食生活の変化にともないコメ離れが進行し、この半世紀で国内の米の作付面積や生産量は半減しているが、コシヒカリに限るとむしろ増加している。近年の食生活の洋風化によって料理の味付けが濃くなると、ササニシキや日本晴などあっさりした味の米に代わって、コシヒカリのようにほのかな甘みと粘りのある食感の米が好まれるようになったのだ。さらに、コシヒカリは冷めてもおいしさが変わらないため、おにぎりや弁当にも適しており、現代人の食生活にピッタリの米なのだ。

水稲の作付面積の推移とコシヒカリが占める割合

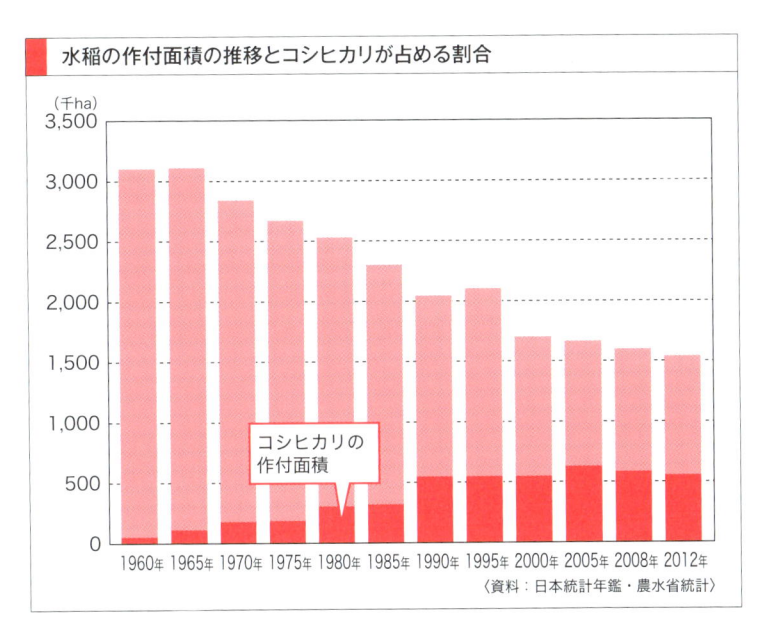

（千ha）

1960年〜2012年の水稲作付面積推移グラフ。コシヒカリの作付面積を濃い色で表示。

〈資料：日本統計年鑑・農水省統計〉

コシヒカリとその交配品種の系譜

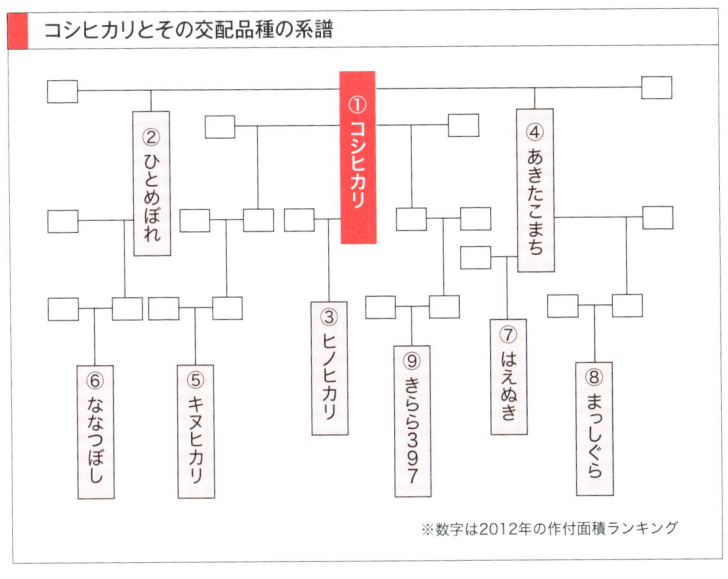

- ① コシヒカリ
- ② ひとめぼれ
- ③ ヒノヒカリ
- ④ あきたこまち
- ⑤ キヌヒカリ
- ⑥ ななつぼし
- ⑦ はえぬき
- ⑧ まっしぐら
- ⑨ きらら397

※数字は2012年の作付面積ランキング

第4章　原因・理由が気になる疑問

なぜ，魚沼が日本一のコメどころになったのか

　日本穀物検定協会は，毎年，全国の産地品種について食味試験を実施し，「米の食味ランキング」を公表している。2013（平成25）年産米で最高ランク「**特A**」に認定されたのは38銘柄，その中で「**魚沼産コシヒカリ**」だけが，第1回以来25年連続で特Aの評価を得ている。まさに king of king の米が魚沼産コシヒカリなのだ。

　魚沼とは，新潟県中南部の旧魚沼郡に属する5市2町を指す。

　魚沼が日本を代表する穀倉地帯に発展した要因として，まず越後山脈の雪解け水が挙げられる。この地方は全国有数の豪雪地帯であり，冬季の降雪は農業生産を大きく制約し，そのため，逆に生産性の高い**水田単作農業**が発展した。山間部に厚く積もった雪は，ミネラルを豊富に含んだ雪解け水となって水田を潤し，夏は，冷たい水が土壌の温度上昇を抑え，稲の根に活力を与える。

　次に，夏の高温低湿の気候である。太平洋側から吹く高温多湿の季節風が越後山脈でさえぎられるため，新潟側は晴天が続いて日照時間が長くなり，湿度も太平洋側より低く，稲作には最適の気候となる。中でも標高300〜400mの盆地にある魚沼は，昼夜の気温差が大きく，旨みと粘りのある米を育てる。また，日本海側は，冷害や台風などの災害が少ないことも好条件だ。

　土壌にも特徴がある。魚沼地方の土壌は，窒素供給力が小さいやや痩せた土壌だが，この土壌が倒伏しやすいコシヒカリの生育過剰を抑制するちょうどよい土壌となっている。

　もちろん，おいしい米づくりを追究し続けてきた先人の努力と情熱が最大の要因であることはいうまでもない。

2013年産米特A評価地区品種

北海道	全道	ななつぼし	(3)	新潟県	佐渡	コシヒカリ	(21)
〃	全道	ゆめぴりか	(2)	石川県	全県	コシヒカリ	(2)
岩手県	県南	ひとめぼれ	(18)	福井県	全県	コシヒカリ	(2)
宮城県	県北	ひとめぼれ	(19)	山梨県	峡北	コシヒカリ	(7)
〃	県中	ひとめぼれ	(1)	長野県	南信	コシヒカリ	(2)
〃	全県	つや姫	(1)	三重県	伊賀	コシヒカリ	(3)
秋田県	県南	あきたこまち	(10)	京都府	丹後	コシヒカリ	(11)
山形県	全県	ひとめぼれ	(4)	奈良県	県北	ヒノヒカリ	(4)
〃	全県	コシヒカリ	(5)	兵庫県	全県	コシヒカリ	(1)
〃	全県	はえぬき	(5)	鳥取県	全県	きぬむすめ	(1)
〃	全県	つや姫	(4)	香川県	全県	おいでまい	(1)
福島県	会津	コシヒカリ	(18)	福岡県	全県	元気つくし	(3)
〃	〃	ひとめぼれ	(5)	佐賀県	全県	さがびより	(4)
〃	中通	ひとめぼれ	(7)	〃	全県	コシヒカリ	(1)
栃木県	県北	コシヒカリ	(6)	熊本県	城北	ヒノヒカリ	(8)
千葉県	全県	コシヒカリ	(1)	〃	全県	森のくまさん	(4)
新潟県	魚沼	コシヒカリ	(25)	〃	全県	くまさんの力	(2)
〃	上越	コシヒカリ	(8)	大分県	豊肥	ヒノヒカリ	(3)
〃	中越	コシヒカリ	(16)	鹿児島県	県北	あきほなみ	(1)

※数字は2013年度までの特A評価の獲得回数 〈資料：日本穀物検定協会〉

旧魚沼郡の範囲

この地域で収穫されたコシヒカリだけが魚沼産を表示することができる。

4 りんご,さくらんぼ,ぶどう,落花生 日本一の産地になったそれぞれのワケ
（青森県）（山形県）（山梨県）（千葉県）

青森県が日本一のりんご産地になったワケ

　九州にもりんご狩りができる観光農園があるそうだが,りんごの産地といえばやはり北国,長野県以北の県が国内の生産量のほとんどを占めている。そのうち,ダントツの日本一が青森県だ。

　青森県が日本一の産地になった要因は,気象条件がまず挙げられる。りんご栽培には,降水量がやや少なめで,昼夜の温度差が大きく,年平均気温が6〜14度の冷涼な気候が最適とされている。昼夜の寒暖の差は果実の糖度を高める。なお,雨が多すぎると病虫害が発生しやすくなり,冬の降雪が多いと樹木が枝折れしてしまう。

　日本のりんご栽培の歴史を見ると,明治初期に窮迫していた士族たちに職を与えて殖産興業を図るねらいで,内務省がアメリカから輸入した苗木を各地に配布したことがその始まりである。しかし,果樹栽培には時間と資金,広い土地が必要であり,多くの地方では成功しなかった。青森県には大土地所有の地主が多く,大規模なりんご園が多く開設されたこと,東北本線の開通で京浜方面へ出荷が可能になったこと,青森は冷害が多く,米以外の作物に頼らねばならなかったことも要因となり,日本一のりんご産地に成長した。今,青森りんごは,台湾など海外でも評価が高く,輸出が増えている。

りんごの都道府県別生産量 (2013)

- 北海道 9
- 青森 446
- 秋田 24
- 岩手 49
- 山形 45
- 宮城 4
- 富山 2
- 福島 28
- 石川 1
- 長野 166
- 群馬 9
- 広島 2
- 山梨 1
- 岐阜 2

単位:1000t
〈農水省統計より作成〉

第4章 原因・理由が気になる疑問

山形県が日本一のさくらんぼ産地になったワケ

　大阪育ちの筆者が子どもの頃に食べたさくらんぼといえば缶詰のみつ豆に入っていたシロップ漬けのもので，生のさくらんぼを食べたという記憶がない。山形県は明治初期にさくらんぼ栽培が始まり，以来，日本最大の産地だが，さくらんぼは傷みやすく，以前は収穫されたさくらんぼの8～9割が缶詰に加工されていた。生のさくらんぼは出荷されても東京までで，西日本の人々がそれを食べることができるようになったのは，貯蔵技術が進歩し，高速道路が整備されて輸送時間が短縮した1980年代以降のことだ。

　さくらんぼは，落葉後に休眠する果樹であり，冬には一定の寒冷な期間が必要で，山形県付近が栽培の南限とされている。山形県が日本一のさくらんぼ産地になった要因としては，山形盆地の夏は日照時間が長く，昼夜の寒暖差が大きいなど，甘くて真っ赤な粒にするためには最適の気候であったこと，山形は台風や冷害の影響が少ないこと，山形県以北は市場から遠のくため，山形県は地理的にも有利だったことが挙げられる。

　ちなみに，山形県のさくらんぼ栽培の中心地である東根市にある山形新幹線の駅の名は「さくらんぼ東根」という。全国でフルーツの名が駅名に使われている新幹線駅はここだけだ。

山梨県が日本一のぶどう産地になったワケ

　山梨県でぶどう栽培が始まったのは奈良時代とも平安時代末期ともいわれるが，確実なことはわからない。芭蕉が「勝沼や 馬子もぶどうを 食いながら」と句に詠んだように，江戸時代には「甲

■ さくらんぼの生産量の都道府県別割合（2013）

- その他 17%
- 北海道 9%
- 山形 74%

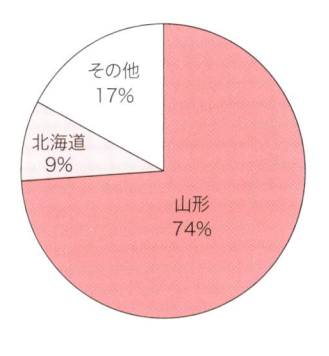

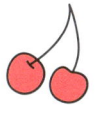

■ ぶどうの生産量の都道府県別割合（2013）

- その他 37%
- 山梨 25%
- 長野 15%
- 山形 10%
- 岡山 8%
- 福岡 5%

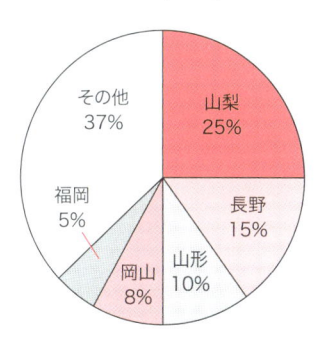

■ 落花生の生産量の都道府県別割合（2013）

- 栃木 1.5%
- 神奈川 2%
- 鹿児島 1.5%
- その他 4%
- 茨城 12%
- 千葉 79%

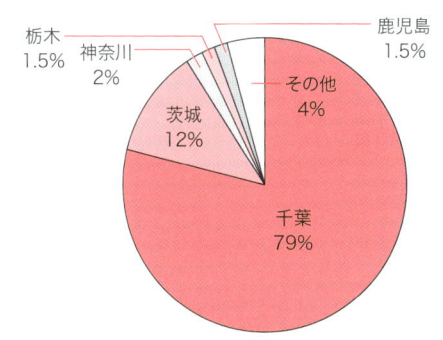

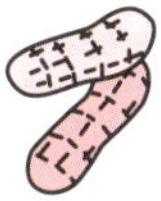

〈農水省統計より作成〉

州ぶどう」がこの地方の名産として知られていた。

　生産の中心地は甲府盆地東部の勝沼地方である。果樹栽培の条件である日照時間が長く，昼夜の寒暖差が大きい内陸性の気候は，甲府盆地にもあてはまる。また，勝沼一帯は，富士川の支流京戸川の扇状地で緩やかな傾斜地が広がり，水田には不向きだが，水はけのよい地質がぶどう栽培には最適であった。

　栽培されるぶどうは，従来は日本固有の甲州種やアメリカ系の生食用の品種が主流だったが，ワイン用のフランス系品種も多く栽培されるようになり，現在，勝沼では30社以上の醸造会社が全国生産量のおよそ4分の1に相当するワインを生産している。

千葉県が日本一の落花生産地になったワケ

　「落花生」の語源はその名の通り，花が落ちて実が生まれるという意味で，花が落ちたあと，子房の下の部分が地中に潜り，豆が成長する。また，江戸時代中期に中国から伝来したことから「南京豆」とも呼ばれ，木になる（nut）豆（pea）という意味で，英語では「ピーナツ（peanut）」という。

　落花生の栽培には火山灰地が適しており，千葉県北部の丘陵地帯には関東ローム層が広がっている。明治初期，地元の農民有志が，やせた土地でも温暖な気候ならよく育つといわれる落花生を試作したところ，良好な成績を得ることができ，以後，千葉県は日本最大の落花生産地に発展する。しかし，近年は安価な中国産に押され，国内の落花生の生産量は減少しつつある。

　なお，千葉県や東北地方の一部には，節分の豆まきに殻付きの落花生を用いる地域があるそうだ。

5 燕の洋食器,鯖江の眼鏡,今治のタオル,日本一の地場産業,その発展のワケ
（新潟県）　（福井県）　（愛媛県）

燕市で全国の90%超の洋食器が生産されるワケ

　燕市は新潟県のほぼ中央部に位置し，上越新幹線の「燕三条」駅がある。冬の長い間，雪に閉ざされる北陸地方では，古くから副業として織物・焼きもの・和紙など様々な伝統産業が発達してきた。燕でも江戸時代初期から農閑期の副業として**和釘**づくりが行われていたが，当時，江戸では火災が頻繁に発生し，復旧に釘は欠かすことができず，燕はその最大の供給地となっていた。

　また，江戸時代中期には燕近くの弥彦山で銅の採掘が始まり，燕ではキセルや矢立などの**銅器**づくりも発展した。江戸時代の燕は金属の圧延技術や彫金などの飾り物の技術が発達し，「金物のまち」として繁栄していた。

　明治以降，洋釘が輸入されるようになると，和釘は売れなくなり，さらに紙巻タバコや万年筆の普及は，キセルや矢立の需要も激減させる。しかし，燕の職人たちはその優れた金属加工の技術を**洋食器**の製造という新たな金物づくりに応用した。文明開化によって洋食が普及し始めると，東京の金物問屋から金属洋食器の注文が舞い込み，職人たちがフォークやスプーンを試作したところ好評を得ることができた。以後，金属洋食器の製造は燕の主幹産業として発展してゆく。大正時代には海外へも輸出するようになり，第二次世界大戦中は一時衰退したものの，戦後はステンレ

ス洋食器の大量生産に成功し、燕の洋食器生産は、日本を代表する輸出型地場産業としての地位を確立した。

鯖江市で全国の90%超の眼鏡が生産されるワケ

人口6.8万人の北陸の小都市鯖江は、日本国内市場の90%以上、全世界の約20%の生産シェアを持つ世界有数の眼鏡産地である。

鯖江の眼鏡生産も、冬の農閑期の副業として発達した。明治末期に、地元の富農が村人たちの生活を安定させようと、私財を抛(なげう)って大阪や東京から職人を呼び寄せ、村人たちに眼鏡の製造技術を伝えたことがその始まりとされている。

そして、第二次世界大戦の戦災によって、当時の眼鏡生産の先進地であった東京や大阪の工場は壊滅してしまうが、鯖江は空襲を受けなかった。さらに戦争が終わると市内中心部にあった軍用地が払い下げられ、その跡地に眼鏡工業団地が開発されて、眼鏡生産は飛躍的に発展する。1980年代には、世界に先駆けてチタン製眼鏡フレームの量産化に成功し、眼鏡産地として鯖江の世界的な地位は揺るぎないものとなる。その後、低コストで大量生産を行う中国が台頭してくると、出荷額は減少するが、2003（平成15）年、産地統一ブランド「**THE291**（フクイを数字で表現）」を立ち上げ、洗練されたデザインと機能美を備えた高品質をアピールし、製品開発から宣伝・販売にいたるまで一貫して産地企業が行う体制を確立した。今、鯖江は、これまでの「作る産地」から「売る産地」への転換を図っている。

洋食器（スプーン・フォーク）出荷額の都道府県別割合（2010）

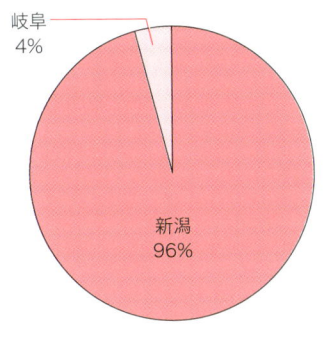

- 岐阜 4%
- 新潟 96%

眼鏡フレームの出荷額の都道府県別割合（2010）

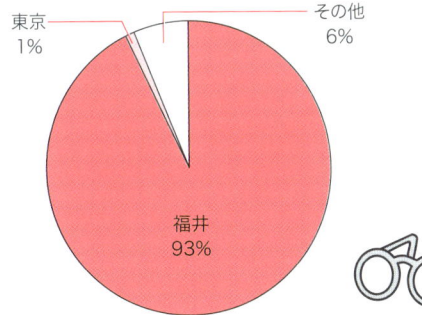

- 東京 1%
- その他 6%
- 福井 93%

タオルの出荷額の都道府県別割合（2010）

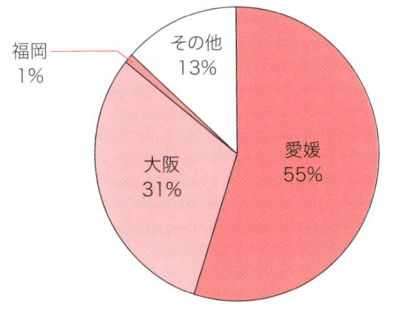

- 福岡 1%
- その他 13%
- 大阪 31%
- 愛媛 55%

〈資料：経産省統計〉

第4章 原因・理由が気になる疑問

今治市で全国の50%超のタオルが生産されるワケ

　愛媛県の今治地方は古くから織物がさかんで，奈良時代には織物を税として納入していたという記録が残っている。江戸時代には，瀬戸内海に面し，温暖で雨の少ない穏やかな気候を活かして，綿の栽培がさかんになった。農家の女性たちによって手機(てばた)で織り上げられた綿布は，「**伊予木綿**」の名で今治藩の御用商人によって尾道や大阪へ出荷され，藩の重要な収入源になっていた。

　今治で織物が発達したのは，織物には晒(さら)しや糊抜きなどの各工程で多量の水を使用するが，この地方が軟水で不純物が少ない伏流水に恵まれていたこと，また、晒した糸や生地は乾かす必要があるが，雨の少ない気候が天日乾燥に適していたことが理由として挙げられる。

　明治時代になると，軍隊で兵隊の下着用に保温性の高いネル(布面をやや毛羽立たせた柔らかな織物)の需要が高まると，今治では「**伊予綿ネル**」を開発し，さらに，大阪で当時は「**西洋てぬぐい**」と呼ばれていたタオルが製造され始めると，今治でもその将来性に着目し，さっそくタオル生産に乗り出した。5年後には早くも今治はタオル生産日本一となり，大正時代には「四国のマンチェスター」と呼ばれるほどの発展を遂げる。

　1970年代のピーク時，今治市内には500社を超えるタオルメーカーがあり，世界最大のタオル産地だったが，近年は眼鏡や洋食器と同様に，安価な中国製品に押され，今治のタオル産業も苦境に立たされている。そして，眼鏡や洋食器と同様に，安心・安全・感動・満足を消費者に与える品質の高い商品をつくることに，今，日本の地場産業は再生の活路を見出している。

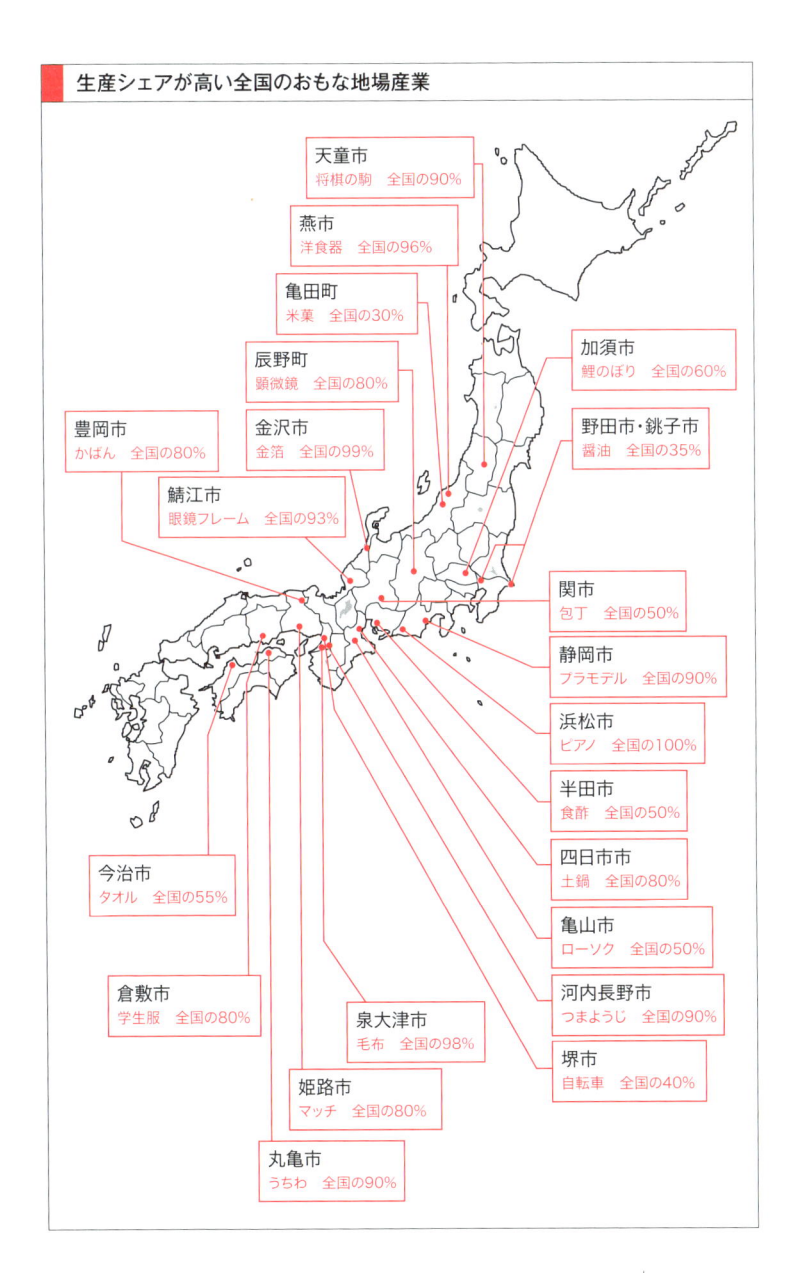

生産シェアが高い全国のおもな地場産業

- 天童市　将棋の駒　全国の90%
- 燕市　洋食器　全国の96%
- 亀田町　米菓　全国の30%
- 辰野町　顕微鏡　全国の80%
- 加須市　鯉のぼり　全国の60%
- 豊岡市　かばん　全国の80%
- 金沢市　金箔　全国の99%
- 野田市・銚子市　醤油　全国の35%
- 鯖江市　眼鏡フレーム　全国の93%
- 関市　包丁　全国の50%
- 静岡市　プラモデル　全国の90%
- 浜松市　ピアノ　全国の100%
- 半田市　食酢　全国の50%
- 今治市　タオル　全国の55%
- 四日市市　土鍋　全国の80%
- 亀山市　ローソク　全国の50%
- 倉敷市　学生服　全国の80%
- 河内長野市　つまようじ　全国の90%
- 泉大津市　毛布　全国の98%
- 堺市　自転車　全国の40%
- 姫路市　マッチ　全国の80%
- 丸亀市　うちわ　全国の90%

6 クロマグロ1匹が1億5540万円, 初競り値が高騰するワケ

2013年の初競りで大間産のクロマグロにつけられた値が高級マンション並みの驚きの1億5540万円！ しかし，翌年は736万円に下落，そのウラ側にはどんな事情が？

🐟 1億5440万円は異常価格か？

　高級魚マグロの中でも最高ブランドとされるのが**青森県大間産のクロマグロ**。200kgを超える大物となると1匹100万円以上の値がつくことも珍しくない。この価格でさえ，われわれ庶民にはピンとこないが，2013（平成25）年1月，東京の築地市場で開かれた初競りで，大間産の222kgのクロマグロ1匹がなんと1億5540万円，これまでの最高価格で競り落とされた。いわゆる**ご祝儀相場**というやつだ。

　落札したのは大手の寿司チェーン店で，この超弩級の高級マグロは，その日のうちに解体され，系列の店舗で大トロ1貫398円（原価は1貫あたり約5万円）の通常価格で販売された。この話題は多くのマスコミに取り上げられ，ワイドショーのレポーターが築地市場や都内の寿司店からレポートする様子がテレビ画面に何度も流されたのでご記憶の方も多いだろう。インタビューを受けた寿司店の社長は「よいマグロで日本を元気づけたい」と力強く語っていたが，その一方で「パフォーマンスにすぎず，話題づくりの広告宣伝費だ」とか「あれは大資本の寿司店どうしのバトルで，適正な価格を形成する本来の市場の機能に悪影響を与えかねない」など築地の内外からは疑問の声が聞かれた。もちろん，「この勢いで日本経済も上向く」「一攫千金を目指し，漁師を

築地市場の初競りにおけるマグロの落札価格の推移

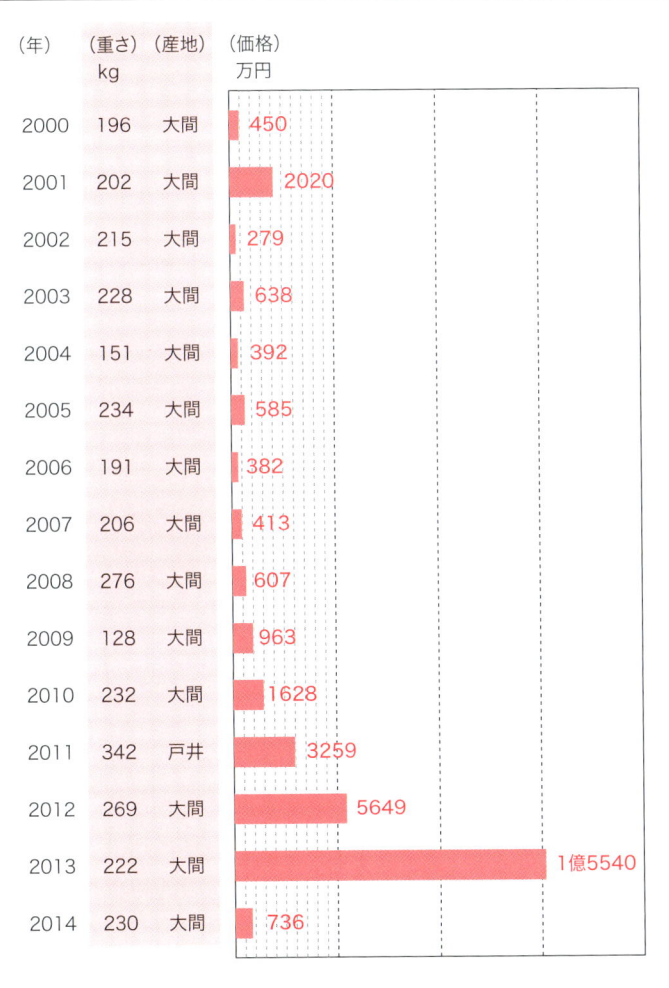

(年)	(重さ) kg	(産地)	(価格) 万円
2000	196	大間	450
2001	202	大間	2020
2002	215	大間	279
2003	228	大間	638
2004	151	大間	392
2005	234	大間	585
2006	191	大間	382
2007	206	大間	413
2008	276	大間	607
2009	128	大間	963
2010	232	大間	1628
2011	342	戸井	3259
2012	269	大間	5649
2013	222	大間	1億5540
2014	230	大間	736

〈東京中央卸売市場資料等より作成〉

※大間は青森県の下北半島の北端、戸井(函館市)は北海道の亀田半島の南岸。2つの漁港はクロマグロの漁場である津軽海峡を挟む位置にある。

めざす若者が増えるのでは」など，肯定的に捉える声もあった。

ご祝儀相場のウラ事情

他にも，全国各地で様々な初競りが行われている。しかし，その落札価格つまりご祝儀相場はやはり高額だ。メロン1玉が80万円，マツタケがわずか10グラムで2万円の価格は尋常ではない。

三重県の**松阪牛**の競り市で次のようなことがあった。ある年，岐阜県で開かれた飛騨牛の競り市で，一席の牛に4,465万円の高値がつくと，松阪では，松阪牛の評価が他のブランド牛より低くなることは許されないと，落札価格が5,000万円まで高騰した。松阪牛が最高の価格となることは，松阪牛が最高級の肉牛であるという**ブランドイメージ**を消費者に与える。松阪牛に対するブランドイメージが高まると，松阪牛全体が他のブランド牛より高い販売価格を維持することが可能になる。もちろん，この戦略が成り立つのは，松阪牛全体の品質が優れていることが前提で，消費者から高い評価を得ているブランドだからなし得ることだ。地元の関係者には「牛1頭では赤字でも，店の広告宣伝費と見れば高くはない」とも言い切る人もいる。

1億5000万円のマグロの場合も，ある広告代理店は，その広告効果をテレビ35億円，新聞約7,800万円，これにインターネット・ラジオ・雑誌などを加えるとおよそ40億円になるのではと試算した。落札した寿司店は，実は前年も最高価格で落札しており，マスコミでその名が知られるようになったため，その年9月期の売上高は，一気に前期比26％増の192億円に上昇したという。

翌年は大幅下落の 736 万円

さて、翌 2014 年の初競りだが、また同じ寿司店が落札した。しかし、価格は前年の 20 分の 1 の 736 万円。前年は大間産が 4 匹しか入荷しなかったが、2014 年は大間産が 22 匹、戸井産が 8 匹と入荷量が大幅に増え、ライバル業者も無理に競り合うのを止めたために、例年のように価格が高騰しなかったとのことだ。その分、マスコミの報道も小さくはなったが、「今までの初競り値が異常で、今回は大幅に値を下げたというより正常値に戻ったと言うべき」というのが多くの市場関係者の見解のようだ。

各地のブランドフード　初競りの落札価格（2012～2013）

ブランド名	落札価格	場所
松阪特選牛	5,000 万円	松阪肉牛共進会
でんすけすいか *1	1玉 30 万円	札幌中央市場
夕張メロン	2玉 160 万円	札幌中央市場
宮崎マンゴー「太陽のタマゴ」	2玉 20 万円	東京太田市場
江刺リンゴ	1箱（10kg・28 個）100 万円	盛岡中央市場
春松茸 *2	キロあたり 200 万円	熊本県本渡青果市場
桜鯛	1匹（4.4kg）18 万円	香川県仁尾漁協
天然トラフグ	キロあたり1万 2000 円	山口県下関南風市場
松葉ガニ	1匹 20 万円	兵庫県浜坂漁港

＊1　「でんすけすいか」は、北海道当麻町特産の黒光りした皮が特徴の大玉の、おもに贈答用に使われるスイカ（6～8kg）。
＊2　熊本県天草地方で採れるマツタケ、全国で最も早い4月に出荷される。

7 カップうどんのスープ，東日本と西日本で味が違うワケ

「関東の濃い味，関西の薄味」という言葉があるが，関東と関西の食にはフレンチとイタリアンほどの違いがあるという。

東の鰹だし，西の昆布だし

「こんな真っ黒なつゆのうどん，辛うて食われへん！」。東京に来た関西人のなかにはこのような文句を言う人がいるそうだが，逆に東京の人は，関西のうどんはコクがなく，甘すぎて物足りないと不満をいう。そばを辛いつゆにちょっとつけて食べるのをツウとしてきた江戸っ子は辛めの味が好みだが，関西人は京料理に代表されるように素材の味を生かしたあっさりした薄味を好む。

「日清のどん兵衛」や「マルちゃんの赤いきつね」などの**カップうどん**を，このような東西の人々の味の好みの違いに対応させ，西日本と東日本ではつゆの味を変えて販売していることをご存じだろうか。小さい文字なのでちょっと気づかないが，東日本向けのパッケージのふたや側面にはＥ，西日本向けのパッケージにはＷの表示がある。

うどんのつゆに限らず，関東では昔から鰹節を使った**鰹だし**が料理によく使われている。鰹節の原料となる**カツオ**は，黒潮に沿って回遊し，東海地方や三陸など東日本の太平洋岸の漁港で多く水揚げされる。カツオといえば西日本では高知県が有名だが，東京都でもカツオの年間水揚げ量はその高知県とほぼ同じだ。当然だが，カツオの水揚げの多い地方ほど鰹節の消費が多い。

一方の関西では，**昆布だし**を利用した料理が多い。海に囲まれ

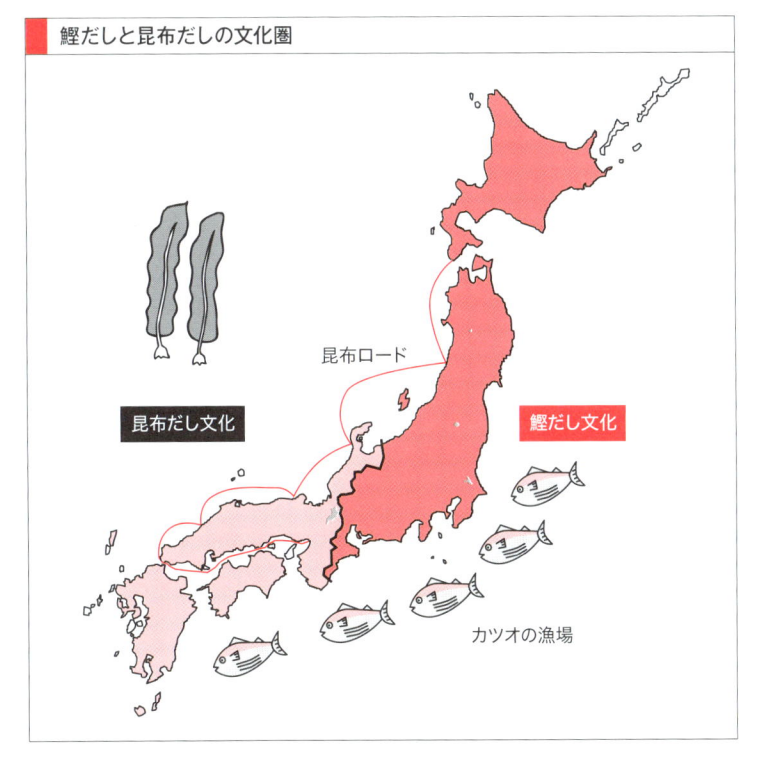

カップうどん「日清のどん兵衛」の西仕様と東仕様 の表示

(W)　　　(E)

鰹だしと昆布だしの文化圏

昆布ロード

昆布だし文化

鰹だし文化

カツオの漁場

第4章　原因・理由が気になる疑問

た日本では、古来、様々な海産物が食材として利用されてきたが、遠隔地である北海道を主産地とする**コンブ**が庶民のあいだに広く普及したのは、海上交易がさかんになった江戸時代以降のことだ。17世紀に、当時はまだ蝦夷地と呼ばれた北海道から日本海岸に沿って南下し、下関海峡から瀬戸内海を通って大阪に至る西廻り航路が開かれ、「昆布ロード」とも呼ばれたこの航路を利用して、**北前船**によって北海道から多くのコンブが「天下の台所」と呼ばれた大阪に運ばれた。大阪ではコンブの加工業が発達し、昆布だしを使った料理が西日本一円に広まった。

味の東西境界線

　鰹だしを使う地域と昆布だしを使う地域の境界はどこだろうか。「どん兵衛」開発プロジェクトのメンバーは、東京から大阪へ東海道線沿いのうどん屋一軒一軒のつゆを丹念に調査したという。そして、鰹だしと昆布だしが岐阜・滋賀県境の**関ヶ原**付近で変わることを確かめた。北は新潟・富山県境の**親不知**付近、南は三重・奈良県境の**伊賀地方**が境界である。

　鰹だしと昆布だしの場合と同様に、雑煮に入れる切り餅と丸餅の分布も、このラインで東西に区切ることができる。このような例は右ページのように数多く見られるが、険しい山々や狭隘な谷によって、人の交流の境目となった親不知－関ヶ原－伊賀地方のラインが東西の食文化の境界線になったのではないだろうか。

> **ワンポイント知識**

まだまだある関東と関西,「食」の違い

おにぎり
- 関東…三角が主流でパリパリした食感の焼きのりを巻く。
- 関西…俵型で表面にゴマを振り,のりを使う場合は味付けのりを使う。

いなりずし
- 関東…すし飯を四角の油揚げで袋詰めにし,「しのだずし」ともいう。
- 関西…具入りのちらし寿司を使い,三角に切った油揚げをかぶせる。

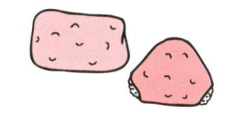

ウナギの蒲焼き
- 関東…頭を切り落とし,背開きにして,2つに切って竹串を刺す。そして,「白焼き」といってまず軽く焼いたあとに蒸して油を抜き,もう一度しっかり焼く。
- 関西…腹開きしたウナギを頭やヒレを付けたまま「長焼き」にし,蒸したりはしない。また関東はタレにウナギを漬けるが,関西はタレをひしゃくでウナギにかける。

すき焼き
- 関東…割り下で牛肉と野菜を一緒に煮る。すき焼きというよりすき煮であり,明治の牛鍋がルーツとなっている。
- 関西…牛脂を敷いた鍋にまず牛肉を入れ,砂糖,醤油などを好みに応じて注いでまず肉だけをあぶり焼きにする。野菜や豆腐を入れるのは肉を食べたあとだ。

ところてん
- 関東…酢醤油に辛子を混ぜたり,青のりを振りかけたりして食べるさっぱりした夏の軽食として親しまれている。
- 関西…黒蜜をかけて食べる甘い食べ物でおやつのメニューである。

8 東高西低の豚肉，西高東低の牛肉，東日本と西日本，肉の好みが違うワケ

肉といえば牛肉のこと。すき焼き，しゃぶしゃぶ，肉じゃが，カレーライス，肉うどん，関西人がこれらの料理に使うのは必ず牛肉だ。

豚肉が好きな関東人，牛肉が好きな関西人

「**肉じゃが**」といえば家庭料理の定番，あるマーケティング会社が実施した「お袋の味ランキング」でも味噌汁やカレーライスを抑えて堂々の第1位は肉じゃがだった。ところで，この肉じゃが，関東より北の地方では豚肉を使うのが一般的だが，西日本では圧倒的に牛肉が多く，豚肉を使う家庭はあまりない。

「"肉"って言ったとき，何の肉を思い浮かべますか？」。NHK放送文化研究所がそんな調査を行ったところ，関東では牛肉と答えた人が50％，豚肉と答えた人は44％だったが，関西では牛肉と答えた人が89％と圧倒的だった。関東で肉といえば，牛肉や豚肉，鶏肉など肉全般を指すが，関西の人々にとって，肉は牛肉を意味する。肉じゃがに限らず，カレーライスや肉うどんにも関西では牛肉を使い，関東のようにこれらの料理に豚肉を使うことはまずない。

なお，関東の「**肉まん**」は関西では「**豚まん**」と呼ぶ。なぜなら「肉」イコール「牛肉」の関西では，牛肉を使っていないのに「肉まん」と呼ぶわけにはいかないのだ。その逆に「**牛丼**」は，牛肉を使っているのであえて牛丼とは呼んだりはせず，関西では今でも「**肉丼**」と呼ぶ店がある。牛丼という名称はあの吉野家が使い始めたそうだ。

「肉じゃが」に使う肉の種類は？

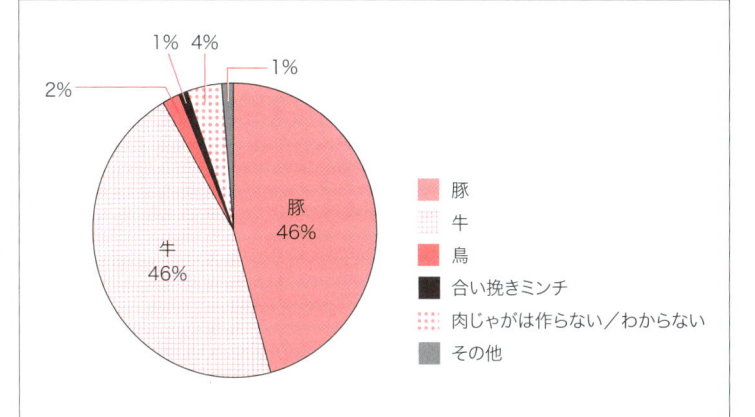

全体
- 豚 46%
- 牛 46%
- 鳥 2%
- 合い挽きミンチ 1%
- 肉じゃがは作らない／わからない 4%
- その他 1%

地域別

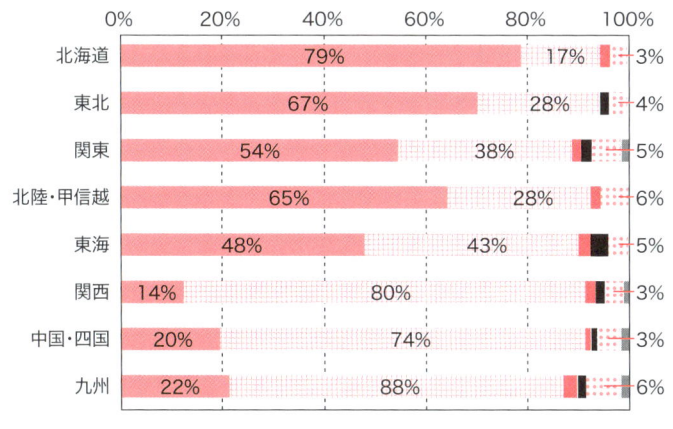

地域	豚	牛	その他
北海道	79%	17%	3%
東北	67%	28%	4%
関東	54%	38%	5%
北陸・甲信越	65%	28%	6%
東海	48%	43%	5%
関西	14%	80%	3%
中国・四国	20%	74%	3%
九州	22%	88%	6%

2012年4〜5月調査 有効回答数3784

〈資料：nifty何でも調査団〉

全体を見ると，豚肉と牛肉の割合はほぼ同じだが，北に進むほど豚肉派が増え，牛肉派は関西で圧倒的に多い。豚肉と牛肉の1世帯あたりの消費量を調査した p.197 の総務省統計と一致している。

豚肉と牛肉，東西で好みが分かれるワケ

　東西の肉の嗜好の違いは，1世帯あたりの年間消費量を調べた総務省の調査からもわかる。名古屋付近を境に，豚肉は東高西低，関東から東北・北海道と北上するほどこの傾向は顕著だ。

　一方，牛肉は西高東低，関西地方の1世帯あたりの消費量は東日本の2〜3倍もある。

　このような東西での嗜好の違いはいったい何が要因だろうか。

　昔は，「西の牛，東の馬」といわれ，西日本では，農耕や運搬に用いるために和牛が多く飼われていた。明治初期，開港地として発展してきた神戸に居留していたイギリス人たちが，その和牛に注目し，自分たちで解体して食べるようになり，やがて日本人のあいだにも牛肉を食べる習慣が広まった。牛肉を日本の伝統的な調理法で食べる「すき焼き」が誕生し，やがて神戸牛と呼ばれるブランド牛肉が確立すると，西日本各地で食用としての和牛生産がさかんになり，松阪牛，近江牛などの多くの銘柄牛が誕生した。

　東日本では，冷涼な気候が苦手の和牛はほとんど飼育されず，畜力として用いられたのは馬だった。しかし，肉量の少ない馬は食用に適さず，明治以降，水田が少ない関東の畑作地帯では，サツマイモや麦を飼料とし，堆肥も採れる豚の飼育が広く普及する。豚肉は牛肉に比べて安価なため，明治末にはトンカツやポークカレーをメニューに取り入れた洋食屋が東京ではやり，豚肉の需要は次第に高まった。大正年間には養豚ブームが巻き起こり，以後，東京周辺の農村地帯は一大養豚地帯として発展する。

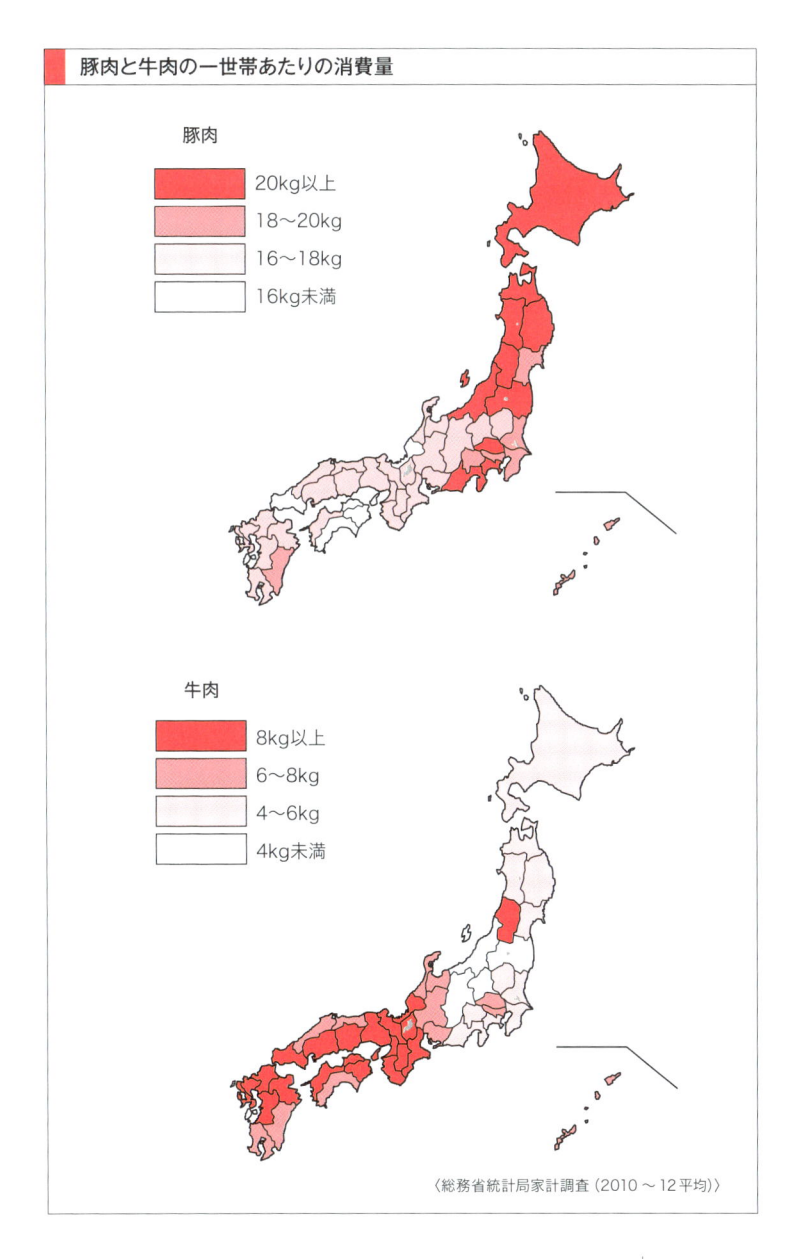

豚肉と牛肉の一世帯あたりの消費量

豚肉
- 20kg以上
- 18〜20kg
- 16〜18kg
- 16kg未満

牛肉
- 8kg以上
- 6〜8kg
- 4〜6kg
- 4kg未満

〈総務省統計局家計調査（2010〜12平均）〉

9 ドーナツ化現象は終わった！ 都心の人口が急増しているワケ

学校で「ドーナツ化現象」というのを習ったのは覚えているけど、「あんパン化現象」は聞いたことがない。「あんパン化現象」ってナニ？

♪「ドーナツ化現象」から「あんパン化現象」へ

　日本の総人口は2008（平成20）年の1億2808万人をピークに減少に転じている。山間僻地の過疎地域に限らず、今や全国の8割を超える市町村で人口が減少している。しかし、東京や大阪など大都市の都心部では、近年、人口が急増し続けているのをご存じだろうか。かつて、大都市では、都心部から周辺部への人口流出が激しくなり、都心の居住者が激減する「ドーナツ化現象」が大きな社会問題となったが、今はまったくその逆の現象、都心への人口回帰が進行している。

　東京都中央区の人口は、もっとも少なかった1996年にはわずか6.4万人にすぎなかったが、2014年には13.3万人に達し、この間の人口増加率108％は全国の市区町村の中でもっとも高い。この傾向は札幌、名古屋、大阪、福岡など他の政令指定都市でも見られ、どの都市でも都心の中央区や中区と呼ばれる区は、人口増加率が周辺地域に比べ群を抜いて高くなっている。

　中心部が空洞化するドーナツ化に対し、真ん中が詰まっていくため、このような都心への人口回帰は「あんパン化現象」とも呼ばれている。

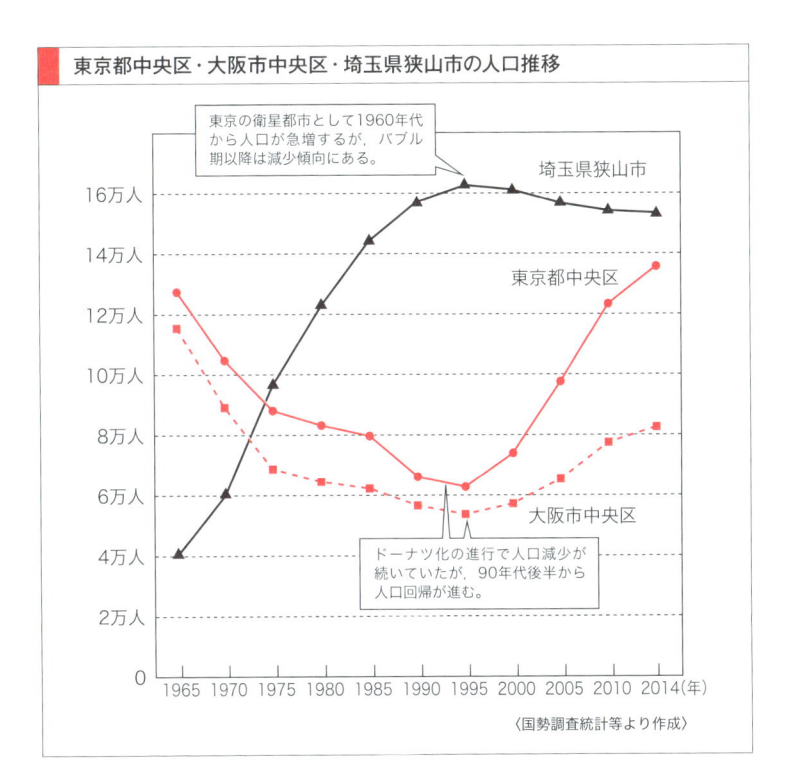

東京都中央区・大阪市中央区・埼玉県狭山市の人口推移

東京の衛星都市として1960年代から人口が急増するが、バブル期以降は減少傾向にある。

埼玉県狭山市
東京都中央区
大阪市中央区

ドーナツ化の進行で人口減少が続いていたが、90年代後半から人口回帰が進む。

〈国勢調査統計等より作成〉

大阪市内臨海地区の高層マンション群

第4章　原因・理由が気になる疑問

🎵「あんパン化現象」の要因

　ドーナツ化が始まったのは高度経済成長期の 1960 年代だ。騒音や大気汚染などで環境が悪化，地価が高騰し，都心では住宅取得が困難になったことなどがその要因である。しかし，90 年代になると，ドーナツ化現象は終息し，都心の人口がまた増え始める。

　なぜ，人々は再び都心に戻り始めたのだろうか。当たり前のことだが，人が生活するためには住む家が必要である。都心部でこの問題が一挙に解決した。理由は，それまで日本にはなかった大規模な**高層マンションの出現**である。今や，20 階を超える高層マンションが立ち並ぶ景観が国内の大都市で見られる。高層マンションの建設を可能にしたのは，超高強度コンクリートなどの新素材，耐震・免震の新技術，プレキャスト工法など，新工法の発達によって，工期が短縮し，建築コストが安くなったことが大きい。

　さらに，バブルが崩壊し，地価が下がり始めたことや，高層化によって 1 戸あたりの地代が軽減されるようになったことも，高層マンション建設ラッシュに拍車をかけた。

　都心に住むと，通勤や通学時間が短縮し，満員電車から解放される。映画やコンサート，スポーツ観戦，ショッピングなど余暇を利用する機会も増える。札幌や新潟など雪国では，都心のマンションなら雪かきや屋根の雪下ろしの苦労がないので高齢者にはありがたい。医療機関や保育施設，24 時間スーパーなどの生活関連施設を併設したマンションも増えている。

　つい最近までは，職住分離が当たり前だったが，今，都心では，職・住・遊が一体化した街づくりが進んでいる。

東京都の市区町村の人口増減

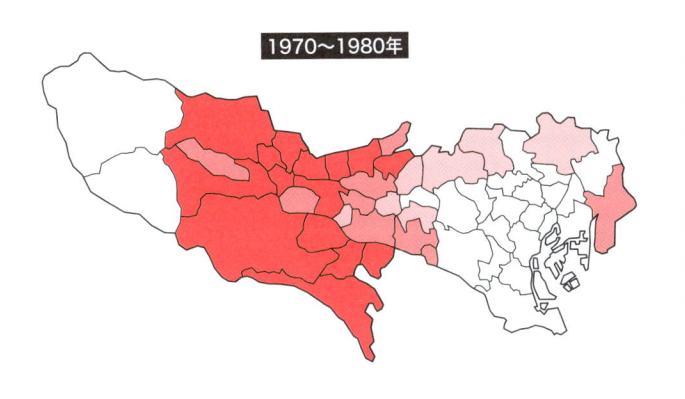

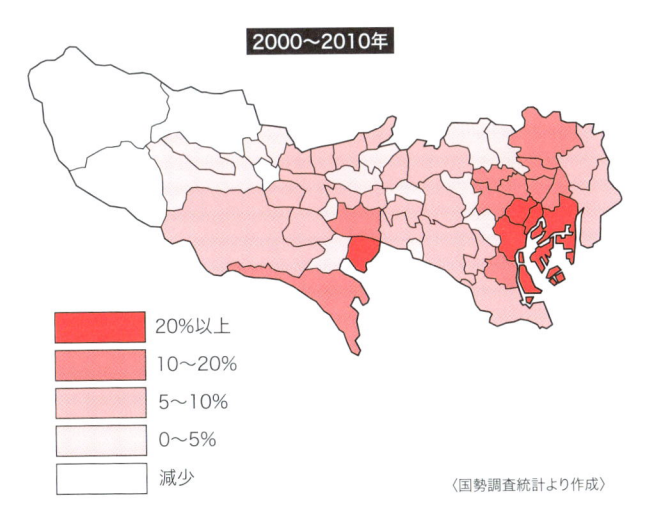

1970〜1980年

2000〜2010年

- 20%以上
- 10〜20%
- 5〜10%
- 0〜5%
- 減少

〈国勢調査統計より作成〉

ドーナツ化現象が進行した1970，1980年代には，区部の人口が減少，都心から20〜40kmの多摩地区の人口が急増し，多くの衛星都市が生まれる。しかし，2000年代に入ると，多摩地区の人口増加は鈍化し，都心の中央区・千代田区・港区を中心に区部の人口が増えている。

10 「神奈川県」はなぜ「横浜県」じゃないの？ 県名と県庁所在地名が異なる県があるワケ

全国47都道府県のうち，29の都府県は県（都府）名と県（都府）庁所在地名が一致，18の県（道）は異なっている。なぜだろう？

廃藩置県と3府43県の確立

「愛媛県の県庁所在地ってどこ？ 高松？ 松山？ 松江？」

「金沢があるのは何県だったっけ？ 金沢県？」

都道府県名と県庁所在地を覚えることができず，地理の授業が嫌いになる子どもたちが多い。**廃藩置県**を断行した明治の政治家たちは，どうしてもっと県の数を少なくし，県名と県庁所在地を同じにしなかったのだろうか。そもそも県名と県庁所在地を決めるときに，しっかりとした方針はあったのだろうか。

廃藩置県は明治維新のもっとも大きな行政改革である。当初，新政府は，新たな行政区画の単位となる「県」の設置に際して，旧国を基礎に面積や経済規模（石高）をできる限り揃え，県名は県庁所在地と同一とすることを基本方針として定めていた。1871（明治4）年7月にとりあえず3府302県でスタートしたが，同年末には3府72県，その後，数回の統廃合を経て1888（明治21）年には3府43県のほぼ現在と同じ形になった。

県名をどのように決めたのか

政府の方針にもかかわらず，県名と県庁所在地が一致しない県が多くなったのはなぜだろうか。新政府がもっともこだわったのは，新たな中央集権国家の建設のため，旧体制に繋がるイメージ

廃藩置県後の行政区分

都道府県数の推移

1871. 7	3府302県（廃藩置県の実施）
1871. 11	3府72県
1875. 12	3府59県
1876. 12	3府35県
1879. 4	沖縄県を設置
1882. 2	北海道に3県（函館・札幌・根室）を設置
1888. 12	3府43県1庁（北海道3県を北海道庁に）
1943. 7	東京府が東京都に移行
1945. 8	沖縄がアメリカ施政下に
1972. 5	沖縄復帰　1都1道2府43県

※1871年11月時点

（地図上の地名）北海道、琉球、青森、秋田、盛岡、一ノ関、敦賀、京都、長野、酒田、山形、仙台、豊岡、大阪、新川、相川、新潟、置賜、福島、鳥取、兵庫、長浜、七尾、柏崎、若松、磐前、北条、金沢、（群馬）、宇都宮、岡山、足羽、筑摩、茨城、栃木、埼玉、伊万里、島根、岐阜、山梨、印旛、新治、三潴、熊本、浜田、深津、大津、額田、木更津、福岡、山口、広島、東京、小倉、松山、神奈川、大分、高知、入間、長崎、美々津、宇和島、足柄、鹿児島、都城、静岡、浜松、（鹿児島）、名古屋、香川、安濃津、八代、名東、度会、奈良、飾磨、堺、和歌山

を払拭することだった。たとえば、領域が同じなのだから、信濃県とか土佐県とか歴史に根付いた旧国名を県名に採用すればよさそうなものだが、人心一新のため、1000年以上も昔の律令体制下の名称をそのまま使うことを新政府は忌避した。

そこで、県庁所在地の名称をそのまま県名に採用する方針を決めたのだが、そうすると仙台県や水戸県など旧藩名しかも新政府と対立した朝敵の藩の名と同じ県が生じることになった。幕藩体制を否定する新政府にはそれこそ何よりも不都合であり、そこで、今度は県庁が置かれた郡の名を県名に採用するようにした。

現在の47都道府県のうち17の県は、当時の郡名が県名の起源になっている。秋田や千葉などは、たまたま都市名でもあるが、本来は郡名である。政府は朝敵藩の名さえ消すことができればよかったようで、山形や福島のような小藩は例外として、東日本では旧藩の名はこれでほとんどなくなった。しかし、西日本ではこの指示は徹底せず、県名と県庁所在地が同じままの県が多い。

県庁所在地はどのように決めた？

県庁所在地は、本来は地理的中心地が望ましいが、結局は県庁として使える既存の建造物があることが重視された。今の県庁所在地の多くが、藩政時代の城下町だったのもそのためである。しかし、福島県の会津若松、山形県の米沢、新潟県の長岡、三重県の桑名などは当時の県内最大の都市であったにもかかわらず、県庁所在地になれなかったが、やはり朝敵藩であったからであろう。

今の子どもたちが県名と県庁所在地を覚えるのに四苦八苦する原因は、明治初期の複雑な歴史事情によるわけだ。

都道府県名の由来と県庁所在地のタイプ

県名	由来	庁所在地	タイプ
北海道	その他	札幌	新
青森	都市名	青森	港
岩手	郡名	盛岡	城下町
宮城	郡名	仙台	城下町
秋田	郡・都	秋田	城下町
山形	都市名	山形	城下町
福島	都市名	福島	城下町
茨城	郡名	水戸	城下町
栃木	その他	宇都宮	城下町
群馬	郡名	前橋	城下町
埼玉	郡名	さいたま	宿場町
千葉	郡・都	千葉	新
東京	都市名	東京	主要
神奈川	その他	横浜	港
新潟	都市名	新潟	港
富山	都市名	富山	城下町
石川	郡名	金沢	城下町
福井	都市名	福井	城下町
山梨	都市名	甲府	城下町
長野	都市名	長野	門前町
静岡	都市名	静岡	城下町
岐阜	都市名	岐阜	城下町
愛知	郡名	名古屋	城下町
三重	郡名	津	城下町
滋賀	郡名	大津	主要
京都	都市名	京都	主要
大阪	都市名	大阪	主要
兵庫	その他	神戸	港
奈良	都市名	奈良	主要
和歌山	都市名	和歌山	城下町
岡山	都市名	岡山	城下町
鳥取	都市名	鳥取	城下町
広島	都市名	広島	城下町
島根	郡名	松江	城下町
山口	都市名	山口	城下町
徳島	都市名	徳島	城下町
香川	郡名	高松	城下町
愛媛	その他	松山	城下町
高知	都市名	高知	城下町
福岡	都市名	福岡	城下町
佐賀	郡・都	佐賀	城下町
長崎	都市名	長崎	主要
熊本	都市名	熊本	城下町
大分	郡・都	大分	城下町
宮崎	都市名	宮崎	新
鹿児島	郡・都	鹿児島	城下町
沖縄	その他	那覇	港

*栃木は元の県庁所在地、神奈川と兵庫は県庁所在地内の地名
*由来の「郡・都」は郡名と都市名が同じ
*タイプの「新」は新建設都市、「主要」は天領だった主要都市、「港」は港湾都市
* 　　は都道府県名と所在地名が同一の都道府県

11 県名は漢字なのに「さいたま」市がひらがな表記になったワケ

「埼玉県」の県庁所在地はひらがな表記の「さいたま市」。どうして漢字表記で「埼玉市」にしなかったのか、その事情とは？

埼玉県は1871（明治4）年に、忍県・岩槻県・浦和県の3県が合併して誕生した。県名を埼玉としたのは、当初は県庁を埼玉郡岩槻町に置く予定だったからである。しかし、岩槻には県庁に適した建物がなく、県庁業務は北足立郡の浦和で行われることになり、その後、県名は埼玉県だが、浦和がそのまま県庁所在地になった。

さいたま市は、県庁所在地であった浦和市と大宮市・与野市の3市が2001（平成13）年に合併して北関東では初めての100万都市として誕生し、2003（平成15）年には政令指定都市に昇格した。新市名は一般から公募された。応募総数は約7万票、8,580種類もの名が提案され、「埼玉市」が1位、次いで「さいたま市」、以下は別表の通りだが、なぜ埼玉市にならなかったのだろうか。

埼玉という地名は、前述のように本来は郡名であり、浦和・大宮・与野の3市は埼玉郡とは離れた位置にあった。また、郡名である埼玉という地名のルーツは、県北部の行田市の埼玉にある。ここには前玉彦命を祀った前玉神社があり、付近には埼玉古墳群もある。そのため、行田市サイドから「埼玉」を使わないよう要望もあって、新市名はひらがなの「さいたま」に落ち着いた。

なお、ひらがなの「さ」は手書きすると「さ」と3画で書くが、さいたま市では2画の「さ」を使用することになっているらしい。

新市名公募得票数上位10			
①埼玉市	7,177	⑥浦和市	1,821
②さいたま市	3,821	⑦さきたま市	1,374
③大宮市	3,008	⑧大和野市	1,131
④彩玉市	2,588	⑨彩京市	1,025
⑤彩都市	2,495	⑩彩市	962

〈資料：さいたま市HP〉

ワンポイント知識　全国のひらがな市

うるま市
つがる市
むつ市
にかほ市
みどり市
かほく市
いわき市
みやま市
あわら市
さくら市
たつの市
ひたちなか市
うきは市
かすみがうら市
つくば市
つくばみらい市
いすみ市
さいたま市
さぬき市
みよし市
えびの市
あま市
いなべ市

さいたま市を含め，全国にはひらがな表記の市が23市ある。いすみ（夷隅）・あま（海部）・いなべ（員弁）のように漢字が読みづらい，みよし（三好）のように同名の市がすでにあった，たつの（竜野）・かすみがうら（霞ヶ浦）・うきは（浮羽）のように合併前にあった同音漢字名の自治体が，他の町村を吸収したような印象を避けるためなど，ひらがな表記になった事情は様々である。ひらがなのほうがソフトで親しみやすいということも理由のようだ。さくら市やみどり市は，桜や緑をひらがな表記にしたイメージ地名なのだが，由緒のある漢字地名も大切にしてほしいとの声も多い。

12 都道府県と何が違う？道州制が注目されるワケ

「道州制」って言葉をよく耳にするけれど，何がどのように変わるの？
なんで変えなきゃならないの？　変えると暮らしがよくなるの？

今，なぜ？「道州制」

「道州制　地域の違いを　魅力に変える」
「地域で決める地域の未来　みんなで決める日本の未来」
「仕組みを変える，暮らしが変わる～道州制で引き出せ　地域の底力～」

　これらは，経済広報センターが公募した道州制に関する標語の入選作品だが，お役人が作成した堅苦しい説明を読むより，道州制の主旨がよく伝わってくる。

　道州制は，明治維新の廃藩置県に匹敵する地方自治の大改革といわれている。現在の都道府県の区分や名称は，明治中頃にはほぼ確立するが，その後，交通や通信の劇的な発達によって人々の生活圏・経済圏は大きく拡大している。それなのに，都道府県の区分は，馬による一日の移動距離で決められた百数十年前のままである。人口減少・少子高齢化社会の到来，東京への一極集中と地方の疲弊，社会・経済活動のグローバル化の進展など，今や地方を取り巻く環境は激変している。この変化に対応するためには，今までとは違う国のしくみ，違う政策が必要であり，近年，その切り札として議論が進んでいるのが道州制の導入である。

「道州制」とは

道州制を簡単に定義すると次のようになる。

①現在の都道府県に代えて，全国を道州に分割し，より広い面積規模を持つ広域行政体を設置する。

②国本来の役割以外の事務や権限を地域に委譲し，国－道州－基礎自治体（市町村）の行政分担を明確にする。

③国から地域へ適切な税源の移譲を実施する。

市町村ができることは市町村が，市町村で行うことが難しいものは道州が，道州でも行えないことを国が担当する。国は，外交・安全保障・司法など必要最小限の行政事務だけに携わり，国民生活に関連することは，地域が受け持つようになる。財政基盤と行政の効率を考慮した場合，道州の人口は700〜1,000万人が目安となり，全国を **9〜13州** に分割するのが妥当と考えられている。

道州の区割りについては様々な案があるが，たとえばp.211の11州案の場合，沖縄州を除きもっとも人口が少ない四国州でも，そのGDP規模は世界34位のアルゼンチンや35位のマレーシアとほぼ同じ，南関東州や関西州は世界10位の韓国に匹敵する。個々の州が一国並みの経済基盤と国に関与されない権限を持つことにより，独自の政策を打ち出し，個性ある発展が可能になる。

北海道は，新千歳空港を韓国のインチョンのようなハブ空港とし，オールシーズン・リゾートの観光立州を，東北州は，アグリビジネスを推進して，高品質な農産物の生産・販売を促進し，日本の食料供給基地として，九州は，韓国・中国・台湾と自由貿易協定を結び，環東シナ海経済圏の中心としての発展も夢ではない。

「道州制」に問題はないのか

さて、ここまで書くと道州制こそ日本を元気にする救世主のように思えるかもしれないが、様々な問題点も指摘されている。

まず、**道州間格差**である。平成22年度の各都道府県の県内総生産を比較すると、東京都が91兆円と突出しており、GDP（国内総生産）の約2割を占めるが、四国州を構成する徳島・香川・高知・愛媛の4県は合計でも13兆円、東京都はむろん10位の静岡県の16兆円よりも少ない。税財源となる経済基盤に格差がある限り、自主政策を進めようとしても、産業振興、教育、福祉、インフラ整備など地域格差の是正は容易ではない。

次に、多くの機能が**州都へ一極集中**し、旧県庁所在地など他の都市が衰退する可能性がある。この現象は、すでに平成の大合併によって広域化した自治体で起こっていることだ。当然、今後はどの地域でも州都誘致合戦が激しくなるだろう。

自治体の広域化は、議員数や職員数を減らすというメリットもあるが、それは**住民サービスの低下**に繋がるデメリットにもなる。役所と住民との距離が遠くなり、きめ細かな対応ができなくなることが懸念される。

都道府県の区分けのルーツは、古く律令時代の国郡里制にまで遡るが、道州制になると各都道府県の伝統や文化が弱められ、**都道府県のアイデンティティーが希薄**になってしまう。高校野球のような国民的イベントも変質するだろう。

新しい国のかたちは、地域の伝統や文化を育み、地域の自立・地域の活性化・地域の成長に繋がる道州制でなければならない。

道州制の区域案

区域例(1) 9道州

※東京は単独の道州とすることも検討

北海道／東北／北関東信越／南関東／中部／近畿／中国・四国／九州／沖縄

区域例(2) 11道州

北海道／東北／北陸／北関東／南関東／中部／近畿／中国／四国／九州／沖縄

区域例(3) 13道州

北海道／北東北／南東北／北陸／北関東／南関東／東海／近畿／中国／四国／北九州／南九州／沖縄

〈資料：地方制度調査会〉

《参考図書》

『日本統計年鑑』総務省統計局／『日本国勢図会』矢野恒太郎記念会／『データで見る日本の100年』矢野恒太郎記念会／国立天文台『理科年表』丸善出版／『気象年鑑』気象業務支援センター／『最新地理学辞典』大明堂／『地理用語集』山川出版社／『地理基本用語集』吉野教育図書／『世界大百科事典』平凡社／『国語大辞典』小学館／『海洋大事典』東京堂出版／東京大学海洋研究所『海洋のしくみ』日本実業出版社／能田成『日本海はどう出来たか』ナカニシヤ出版／『なるほど知図帳日本の山』昭文社／日本地質学会『地震列島日本の謎を探る』東京書籍／斎藤靖二『日本列島の生い立ちを読む』岩波書店／巽好幸『地震と噴火は必ず起こる』新潮選書／神沼克伊，宮町宏樹，金尾政紀，野木義史，伊藤潔『地震と火山100不思議』東京書籍／三浦郁夫，川﨑宣昭『お天気なんでも小事典』技術評論社／大宮信光『面白いほどよくわかる気象のしくみ』日本文芸社／青木孝『図解雑学よくわかる気象のしくみ』ナツメ社／『富士山ブック』山と渓谷社／川島令三『全国鉄道おもしろ雑学事典』PHP研究所／梅原淳『鉄道駅・路線不思議読本』朝日文庫／藤岡幹恭，小泉貞彦『農業と食料がわかる事典』日本実業出版社／及川忠，鈴木宣弘『最新食料問題の基本とカラクリがよ〜くわかる本』秀和システム／諸橋準之助『新潟の米ものがたり』新潟日報事業社出版部／鏡味完二，鏡味明克『地名の語源』角川書店／安藤静夫，小笠原武『地名の始まりと由来』都出版社／谷川彰英『知らなかった！都道府県名の由来』東京書籍／高野澄『物語廃藩置県』新人物往来社／北嶋廣敏『日本人として知っておきたい地名の話』毎日新聞社／岩橋小弥太『日本の国号』吉川弘文館／山下東子『魚の経済学』日本評論社／中田誠『ぜひ知っておきたい日本の水産養殖』幸書房／安田龍平，板垣利明『地域ブランドの取り組み26のケース』同友館／二村宏志『地域ブランド戦略ハンドブック』ぎょうせい／『世界遺産年報』ユネスコ協会連盟／平谷英明『一番やさしい地方自治の本』

学陽書房／市町村自治研究会『市町村合併ハンドブック』ぎょうせい／江口克彦『地域主権型道州制がよくわかる本』PHP研究所／GFC『地理から見えてくる日本のすがた』中経出版／『新しい社会 地理』東京書籍／『新詳地理B』帝国書院／その他

《参考ホームページ》
国土地理院／総務省統計局／国交省／農水省／経産省／厚労省／環境省／気象庁／消費者庁／都道府県市区町村／東京中央卸売市場／日本経済新聞／朝日新聞デジタル／YOMIURI ONLINE／ウィキペディア／森林林業学習館／語源由来辞典／半導体ミニ辞典／日本穀物検定協会／フォッサマグナミュージアム／明石市立天文科学館／日本民営鉄道協会／IT mediaニュース／電気事業連合会／果物ナビ／高千穂シラス／山梨産直市場／ものづくりチャンネル／TEXPORT今治／温泉博物館／温泉百科／地域経済ラボラトリ／道州制.com／道州制推進連盟／ネットの学校Hello school／その他

(以上，順不同)

宇田川 勝司
（うだがわ かつし）

1950年大阪府岸和田市生まれ、現在は愛知県犬山市に在住。
関西大学文学部史学科（地理学）卒業。
中学・高校教師を経て、退職後は地理教育コンサルタントとして、東海地区のシニア大学やライフカレッジなどの講師、テレビ番組の監修、執筆活動などを行っている。
おもな著作は『ビックリ！意外 日本地理』（草思社）、『数字が語る現代日本の「ウラ」「オモテ」』（学研教育出版）、『中学生のための特別授業 宇田川勝司先生の地理』（学研教育出版）、『地理の素』（ネクストパブリッシング『GIS NEXT』に連載）、『地名の雑学』『中学校すぐ使える手作りプリントページ』『おもしろ比べ関東vs関西』（いずれも明治図書『社会科教育』に連載）など。
HP「日本地理おもしろゼミナール」http://www.mb.ccnw.ne.jp/chiri-zemi/

なるほど日本地理（にほんちり）

2014年9月25日	初版発行
2021年6月16日	第8刷

著者	宇田川 勝司（うだがわ かつし）
DTP・カバーデザイン	川原田 良一（ロビンソン・ファクトリー）

©Katsushi Udagawa 2014, Printed in Japan

発行者	内田 真介
発行・発売	ベレ出版 〒162-0832　東京都新宿区岩戸町12　レベッカビル TEL.03-5225-4790 Fax.03-5225-4795 ホームページ　http://www.beret.co.jp 振替 00180-7-104058
印刷	モリモト印刷株式会社
製本	根本製本株式会社

落丁本・乱丁本は小社編集部あてにお送りください。送料小社負担にてお取り替えします。

本書の無断複写は著作権法上での例外を除き禁じられています。
購入者以外の第三者による本書のいかなる電子複製も一切認められておりません。

ISBN978-4-86064-409-3 C0025　　　　編集担当　森 岳人

地図はどのようにして作られるのか

山岡光治　本体価格 1700 円 (税別)　四六判並製

インターネットやスマートフォンが登場し、地図はますます身近で便利なものとなりました。しかし、その地図がどのようにして作られているかを知る人は少ないかもしれません。実はあらゆる地図の基となる地形図は、気の遠くなるような測量の積み重ねと編集作業を経て作られているのです。本書は国土地理院で地図作成に携わった著者が、地図の作り方を中心に、その成り立ちや読み方、現代のデジタル地図まで、地図に関する事柄をまるごと解説した、まさに「地図の教科書」です！